Cinco Novelas Exemplares

O Ciumento de Estremadura
O Colóquio dos Cachorros
As Duas Donzelas
A Força do Sangue
O Casamento Enganoso

Miguel de Cervantes

Cinco Novelas Exemplares

Miguel de Cervantes

Tradução
Nylcéa Thereza de Siqueira Pedra

1ª edição

Curitiba
2012

NOVELAS EXEMPLARES

O Ciumento de Estremadura..................................7

O Colóquio dos Cachorros...............................53

As Duas Donzelas..127

A Força do Sangue...175

O Casamento Enganoso....................................201

O Ciumento de Estremadura

Não faz muito tempo saiu de algum lugar da Estremadura um fidalgo, nascido de nobres pais, que como outro filho pródigo, por diversas partes da Espanha, Itália e Flandres, andou gastando os anos e o dinheiro. Ao fim de tantas peregrinações, com seus pais já mortos e tendo gasto todo o seu patrimônio, chegou à grande cidade de Sevilha, onde encontrou lugar propício para consumir o pouco que lhe restava. Vendo-se tão sem dinheiro e, ainda, sem muitos amigos, acolheu a solução que muitos outros perdidos naquela cidade acolhem, que é a de ir para as Índias, amparo dos desesperados da Espanha, refúgio dos arruinados, salvo-conduto dos homicidas, abrigo dos jogadores (*fuleiros* são chamados os peritos nesta arte), amparo de mulheres livres, engano de muitos e remédio de poucos.

Chegado o tempo em que uma frota partia para Terra Firme – costa situada entre a Ilha Margarita e o rio Darién, no Peru –, combinando com o Almirante, arrumou sua comida e sua esteira de dormir. Bendizendo a Espanha, embarcou em Cádiz e a frota zarpou. Com alegria geral as velas eram guiadas pelo vento, que soprava suave e próspero. Em poucas horas, o vento encobriu a terra e revelou as longas e espaçosas planícies do grande pai das águas, o Oceano.

Nosso passageiro ia pensativo, relembrando os muitos e diversos perigos que tinha corrido em seus anos de peregrinação e como tinha administrado mal toda a sua vida. Ia tomando a firme decisão de mudar seu modo de viver, procurando respeitar o que Deus lhe quisesse dar e agindo com mais recato com as mulheres.

A frota seguia em calmaria, enquanto passava pela tormenta Felipo de Carrizales, que este é o nome do que deu origem a nossa novela. O vento voltou a soprar de tal forma que não deixou ninguém sentado e, então, Carrizales teve que abandonar seus pensamentos e ficar atento unicamente aos perigos que a viagem oferecia. A viagem foi tão boa que, sem nenhum percalço, chegaram ao porto de Cartagena. E para concluir a apresentação, digo que Felipo tinha quarenta e oito anos quando foi para as Índias, lá ficou durante vinte anos, e pelo seu trabalho e diligência, chegou a ter mais de cento e cinquenta mil pesos.

Rico e próspero, sentiu o desejo natural que todos sentem de voltar a sua pátria. Postergando grandes negócios, deixou o Peru, onde havia conquistado muita riqueza. Transformou tudo o que tinha em barras de ouro e prata, registrou-as, para evitar qualquer inconveniente, e voltou à Espanha. Desembarcou em Sanlucar, chegou a Sevilha tão cheio de anos como de riquezas. Retirou suas coisas sem pressa, procurou seus amigos, encontrou-os todos mortos. Quis partir para a sua terra, ainda que já soubesse que nenhum parente tinha sido livrado da morte. Se quando foi às Índias, pobre e necessitado, acompanhavam-lhe muitos pensamentos que não o deixavam sossegar; não menos pensamentos o acompanhavam agora, na sua terra, mas por outra causa: se antes não dormia porque era pobre, agora não podia sossegar porque era rico, pois tão pesada é a riqueza para o que não está habituado com ela e não sabe utilizá-la, quanto a pobreza para quem a vive continuamente. O ouro exige cuidado e a falta dele também. A falta é remediada ao alcançar alguma quantidade, mas o cuidado aumenta conforme a quantia.

Carrizales se preocupava com as suas barras, não porque era avarento, pois tinha aprendido a ser generoso nos anos em que havia sido soldado, mas por não saber o que fazer com elas: deixá-las no estado que estavam era infrutuoso e tê-las em casa, era atrair os invejosos e despertar o interesse dos ladrões.

Tinha perdido a vontade de comerciar e achava que, pelos anos que tinha, sobrava-lhe dinheiro para passar a vida. Decidiu vivê-la em sua terra, pagando a ela seus tributos, passando nela os seus anos de velhice em quietude e sossego, dando a Deus o que podia, pois já tinha dado ao mundo mais do que devia. Por outro lado, pensava que a pobreza de sua pátria era muito grande, que as pessoas eram muito pobres e que viver nela era dar ocasião a todos os incômodos que os pobres costumam causar aos vizinhos ricos, ainda mais quando não há outro lugar para levar as suas misérias. Queria ter para quem deixar seus bens depois de sua morte e, com este pensamento, cogitou que ainda poderia suportar a carga de um casamento. Vindo-lhe este pensamento, sobressaltou-lhe um medo tão grande que o desfez como o vento desfaz a neblina, porque era o homem mais ciumento do mundo, mesmo sem estar casado. Só imaginando sê-lo lhe começavam a ofender os ciúmes, a incomodar as suspeitas e a impacientar as imaginações, de modo tão veemente que se propôs firmemente a não casar.

Tendo isto decidido, mas não o que faria de sua vida, quis a sorte que um dia, passando por uma rua, levantasse os olhos e visse uma donzela na janela. Aparentava ter entre treze e quatorze anos, tinha um rosto tão belo e era tão bonita que, sem ter forças para se defender, o bom velho Carrizales rendeu a fraqueza dos seus muitos anos aos poucos de Leonora, que este era o nome da bonita donzela. Logo, sem parar, começou a dizer muitas coisas e, falando consigo mesmo, dizia:

— Esta jovem é bonita e, pelo que aparenta a sua casa, não deve ser rica. Ela é menina, seus poucos anos podem diminuir as minhas suspeitas. Caso-me com ela, tranco-a dentro de casa e faço as coisas a minha maneira, assim não saberá nada além do que eu ensinar. Não sou tão velho para perder a esperança de ter filhos que me herdem. Que tenha dote ou não, não importa, pois o céu me deu para todos. Os ricos não procuram em seus casamentos dinheiro, mas prazer: pois o prazer prolonga a vida e os desprazeres entre os casados, diminuem-na. Então a sorte está lançada e esta é a que o céu quer que eu tenha.

Feito este solilóquio, não uma, mas muitas vezes, depois de alguns dias, falou com os pais de Leonora e soube que, apesar de pobres, eram nobres. Contando-lhes sua intenção, a qualidade da sua pessoa e sua riqueza, pediu-lhes que lhe concedessem como esposa a sua filha. Eles lhe pediram tempo para se informar sobre o que dizia e ele também teria tempo para descobrir se era verdadeira a nobreza deles. Despediram-se, ambas as partes se informaram e descobriram que era verdade tudo o que tinha sido dito. Leonora foi prometida como esposa de Carrizales, tendo como dote vinte mil ducados, tão apaixonado estava o peito do velho ciumento. Ele, mal tendo dito o sim de esposo, foi tomado por muitos ciúmes e começou, sem motivo algum a temer e a ter mais cuidados do que nunca tinha tido. A primeira demonstração que deu dos seus ciúmes foi a de não querer que nenhum alfaiate tirasse as medidas de sua esposa para os muitos vestidos que pensava dar-lhe. Assim, procurou outra mulher que tivesse o tamanho e o corpo parecido ao de Leonora. Achou uma pobre, a quem mandou fazer uma roupa à medida. Sua esposa a provou e caiu-lhe bem. Por aquela medida se fizeram os demais vestidos, que foram tantos e tão bonitos, que os pais da moça se sentiram os mais felizes por ter encontrado genro tão bom, para eles e para a sua filha. A menina estava admirada com tantas galas porque não tinha vestido na sua vida nada além do que uma saia e uma blusa de tafetá.

O segundo sinal dado por Felipo foi não querer unir-se a sua esposa sem tê-la em uma outra casa, o que organizou da seguinte maneira: comprou uma casa de doze mil ducados, em um bairro nobre da cidade, que tinha fontes e um jardim com muitas laranjeiras. Fechou todas as janelas que davam para a rua e abriu-as para o céu. O mesmo fez com todas as outras janelas da casa. Na porta de entrada, que em Sevilha chamam *casapuerta*, fez um estábulo para uma mula, em cima dele, um palheiro e um cômodo para quem fosse cuidar dela, que foi um negro eunuco. Levantou as paredes dos terraços de tal modo que os que entravam na casa, para poder ver outra coisa, tinham que olhar o céu em linha reta. Também fez uma roda que ligava a porta de entrada ao pátio.

Comprou um rico mobiliário para decorar a casa, de tal modo que pelas tapeçarias e móveis demonstrava toda a sua riqueza. Comprou, também, quatro escravas brancas e outras duas negras. Combinou com um despenseiro que lhe comprasse e lhe trouxesse o que comer, com a condição de que não dormisse na casa e não passasse da roda, na qual deveria colocar tudo o que levasse. Feito isso, arrendou parte do que tinha, outra parte colocou no banco e ficou com alguma coisa, caso precisasse. Fez uma chave mestra para toda a casa e colocou dentro dela tudo o que se pode comprar a atacado, para suprimento do ano inteiro. Tendo tudo arrumado, foi até a casa de seus sogros e pediu a sua mulher, que lhe foi entregue com não poucas lágrimas, pois parecia que a levavam para a sepultura.

A terna Leonora ainda não sabia o que lhe tinha acontecido. Chorando com seus pais, pediu-lhes a benção e se despediu deles, rodeada por suas escravas e criadas. De mãos dadas com seu marido, foi para a sua nova casa. Entrando nela, Carrizales fez um discurso a todas, encarregando-lhes do cuidado de Leonora e alertando-as de que de nenhuma maneira deixassem passar qualquer pessoa pela segunda porta, nem mesmo o negro eunuco. A quem mais recomendou o cuidado de Leonora foi para uma senhora de muita prudência e seriedade, que tinha sido contratada como dama de companhia, para que fosse a responsável por tudo o que acontecesse na casa e para que mandasse nas escravas e nas outras duas donzelas da idade de Leonora, que tinham sido contratadas para diverti-la. Prometeu-lhes que as trataria e lhes daria presentes de modo que não sentissem a clausura e que nos dias festivos, todos, sem pular nenhum, iriam à missa, mas tão cedo que a luz mal teria oportunidade de vê-las. As criadas e escravas prometeram, sem pensar, fazer tudo aquilo que lhes mandava com muita vontade e ânimo. A nova esposa, encolhendo os ombros, baixou a cabeça e disse que ela não tinha desejo diferente ao de seu esposo, a quem seria sempre obediente.

Feitas essas considerações, recolhendo-se em sua casa, o bom estremenho começou a gozar os frutos do matrimônio. Leonora, que era inexperiente, não gostava, nem desgostava e passava o tempo com a sua dama de companhia, suas criadas e escravas. Elas, para aproveitarem melhor o tempo, faziam muitas guloseimas e quase todos os dias preparavam coisas que o mel e o açúcar deixam saborosas. Sobravam coisas para preparar tudo o que queriam e também sobrava em Felipo a alegria de dá-las, achando que com isso estavam entretidas e ocupadas, sem terem ocasião de pensar na clausura.

Leonora tratava como iguais suas criadas e se entretinha com as mesmas coisas que elas. Na sua simplicidade, brincava de bonecas e de outros jogos de crianças, que demonstravam sua condição e a ternura de seus anos. Tudo isto dava enorme satisfação ao marido ciumento, parecendo que tinha acertado escolhendo a vida que tinha imaginado e que nenhum engenho ou malícia humana perturbaria o seu sossego. Desvelava-se em levar presentes para a sua esposa, lembrando-a que lhe pedisse tudo o que lhe viesse ao pensamento, pois seria servida em todos os seus desejos. Nos dias em que ia à missa que, como já dissemos, era ao amanhecer, Leonora via seus pais e falava com eles na igreja, diante de seu marido, que lhes dava tantas coisas que, ainda que sentissem pena da filha pela vida limitada que levava, amenizavam-na com aos muitos presentes que Carrizales, seu generoso genro, lhes dava.

Carriazales levantava de manhã e esperava que chegasse o despenseiro. Na noite anterior, em um papel que colocavam na roda, escreviam tudo o que ele precisava trazer no dia seguinte. Depois que ia o despenseiro, saía de casa, na maioria das vezes a pé, deixando as duas portas – a da rua e a do meio – fechadas e, entre elas, o negro. Ia resolver negócios, que eram poucos, e voltava rapidamente para casa. Trancando-se, divertia-se presenteando sua esposa e suas criadas. Todas lhe queriam bem, porque era calmo e agradável e, principalmente, porque era muito generoso.

Deste modo, passaram um ano de noviciado e fizeram votos perpétuos daquela vida, determinando-se a levá-la até o fim dos seus dias. Assim teria sido se o sagaz perturbador do gênero humano não o tivesse atrapalhado, como agora vão ouvir:

Diga-me agora o que se acha mais inteligente e recatado: que outras precauções poderia ter tomado o velho Felipo? Além do já dito, não consentia que dentro de sua casa houvesse qualquer animal macho. Os ratos nunca foram perseguidos por gatos, nem se escutou um latido de cachorro: tudo era do gênero feminino. De dia pensava, de noite não dormia. Fazia a ronda e a sentinela de sua casa, era o Argos daquela que queria bem. Um homem nunca passou da porta do pátio. Negociava com seus amigos na rua. As figuras dos tapetes e quadros que adornavam sua casa eram de mulheres, flores e bosques. Toda sua casa tinha o cheiro da honestidade, recolhimento e recato, até mesmo as fábulas que contavam as criadas, nas longas noites de inverno, em frente à lareira. Como ele estava presente, em nenhuma delas se revelava nada de lascivo. A prata dos cabelos brancos do velho, aos olhos de Leonora, parecia cabelos de ouro puro, porque o primeiro amor das donzelas se imprime na alma como o selo na cera. Seu controle excessivo lhe parecia recato: pensava e acreditava que o que vivia, também viviam todas as recém casadas. Seus pensamentos não se revoltavam desejando sair das paredes daquela casa, nem queria outra coisa senão a que seu marido quisesse. Via a rua somente nos dias que ia à missa, e era tão de manhã, que se não fosse pela volta da igreja, não haveria luz para olhá-la.

Existe em Sevilha um gênero de pessoa ociosa e folgada, comumente chamada de gente de bairro. São filhos dos vizinhos mais ricos; gente desocupada, elegante e delicada, de quem, de seus trajes, de sua maneira de viver, de sua condição e das leis que têm entre si, haveria muito o que dizer, mas deixamos de fazê-lo por respeito.

Um destes rapazes, que entre eles é chamado de *virote* (rapaz solteiro, porque os recém casados são chamados de *mantones*) observou a casa do recatado Carrizales e, vendo que sempre estava fechada, ficou curioso em saber quem morava lá dentro. Com tanto afinco e curiosidade se dedicou ao seu interesse, que soube tudo o que desejava. Soube da condição do velho, da beleza de sua esposa e como a tinha guardada. Tudo isto aumentou seu desejo de saber se era possível invadir, pela força ou pelo engenho, fortaleza tão guardada. Contou o que planejava para dois *virotes* e um *mantón*, seus amigos, que apoiaram a sua ideia, porque para tais obras não faltam conselheiros e ajudantes.

Não conseguiam encontrar uma maneira para levar a cabo a dificultosa façanha e, tendo planejado várias vezes, acordaram o seguinte: que o *virote*, chamado Loaysa, sairia da cidade por alguns dias, deixando de ser visto pelos amigos. Foi isso o que ele fez e, feito isso, colocou uma calça de pano e uma camisa limpa e, em cima delas, umas roupas tão rasgadas e remendadas, que nenhum pobre da cidade as tinha tão esfarrapadas. Cortou um pouco da barba que tinha, tapou um dos olhos com um tapa-olho, enfaixou uma das pernas e apoiou-se em duas muletas, convertendo-se em um pobre entrevado, de tal modo que o mais estragado dos pobres não se igualava a ele.

Deste jeito se apresentava a cada noite à porta da casa de Carrizales, que já estava fechada. Luís, que assim se chamava o negro, ficava fechado entre as duas portas. Ali Loaysa tirava o seu violãozinho, um pouco gorduroso e faltando cordas, e, como era meio músico, começava a tocar alguns sons alegres, com uma voz diferente para não ser reconhecido. Cantava romances de mouros e mouras com tanta graça que todos os que passavam pela rua paravam para escutar-lhe. Sempre enquanto cantava, estava rodeado de meninos. Luís, colocando o ouvido entre as portas, ficava atento à música do *virote* e daria um braço para poder abrir a porta e escutar-lhe mais: tal a inclinação dos negros para a música. Quando Loaysa queria que os que lhe escutavam fossem embora, parava de cantar e recolhia seu violão, pegando as suas muletas e indo embora.

Tinha cantado quatro ou cinco vezes para o negro (pois cantava somente para ele), parecendo-lhe que por ali começaria a desmoronar aquele edifício. E não foi errado o seu pensamento, porque, chegando uma noite, como de costume, à porta, começou a tocar o seu violão e percebeu que o negro já estava atento. Aproximando-se da dobradiça da porta, em voz baixa, disse:

— Luís, seria possível me dar um pouco de água? Tenho sede e assim não consigo cantar.

— Não — disse o negro — porque não tenho a chave desta porta e não há nenhum buraco pelo qual eu possa passá-la.

— Mas, com quem está a chave? — perguntou Loaysa.

— Com o meu amo — respondeu o negro — que é o homem mais ciumento do mundo. E se ele soubesse que agora estou aqui falando com alguém, me mataria. Mas quem é você que me pede água?

— Eu — respondeu Loaysa — sou um pobre entrevado de uma perna, que ganha a vida pedindo às boas pessoas e também ensinando alguns negros e pobres a tocar. Ensinei três escravos a tocar e a cantar e aprenderam tão bem que poderiam fazê-lo em qualquer baile ou em qualquer taberna. Eles me pagaram muito bem.

— Muito melhor eu lhe pagaria — disse Luís — se tivesse algum lugar onde aprender, mas não é possível por causa do meu amo, que saindo pela manhã, fecha a porta da rua e quando volta, faz a mesma coisa, me deixando emparedado entre as duas portas.

— Por Deus, Luís! — respondeu Loaysa, que já sabia o nome do negro — se você conseguisse me fazer entrar algumas noites para lhe ensinar, em menos de quinze dias lhe deixaria tão bom no violão, que você poderia tocar em qualquer esquina sem vergonha nenhuma. Eu gosto muito de ensinar e ouvi dizer que você tem muita habilidade e, pelo que escuto e posso julgar pela sua voz, que é aguda, deve cantar muito bem.

— Não canto mal — respondeu o negro — mas, do que adianta? Não sei outra toada além de *A estrela de Vênus* e de *Por um verde prado* e aquela que agora é conhecida e diz assim:

Aos ferros de uma grade
A confusa mão caída...

— Todas estas não são nada — disse Loaysa — perto das que eu poderia lhe ensinar, porque sei todas as do mouro Abindarráez e de sua dama Jarifa, todas as que se cantam sobre a história do grande SofíTomunibeyo e as suas danças, que são tais, que deixam pasmos até os portugueses. Ensino-lhe tudo isto com tanta facilidade que, ainda que você não se apresse em aprender, terá comido apenas dois ou três punhados de sal e já será um músico experiente em qualquer gênero de violão.

O negro suspirou e disse:

— De que adianta tudo isso se não tenho como colocá-lo dentro de casa?

—Tenho uma solução, disse Loaysa. Pegue a chave de seu amo e eu lhe darei um pedaço de cera para que a grave nele. Pelo carinho que tenho por você, pedirei que um serralheiro amigo meu faça as chaves e assim poderei entrar de noite e lhe ensinar melhor que ao Arcipreste Juan das Índias, porque é uma pena perder uma voz como a sua. Falta-lhe ainda o violão, e quero que você saiba, irmão Luís, que a melhor voz do mundo perde quilates quando não é acompanhada por um instrumento, seja de um violão ou cravo, de órgãos ou harpas, mas o que mais convém à sua voz é o violão, por ser o mais fácil e o menos caro dos instrumentos.

— Acho interessante — respondeu o negro — mas não vai dar, porque jamais tenho a chave em minhas mãos. Meu amo não a solta durante o dia e, de noite, dorme com ela debaixo do travesseiro.

— Pois faça outra coisa, Luís — disse Loaysa — se é que você tem vontade de ser um músico de verdade, porque se não, não há motivos para eu me cansar aconselhando-o.

— E como não teria vontade! — respondeu Luís — É tanta que não deixarei de fazer nada que seja possível para ser músico.

— Pois faremos assim — disse o *virote* — lhe darei por entre a porta — e para isso você terá que tirar um pouco de terra da dobradiça — um alicate e um martelo, com os quais, de noite, poderá retirar com facilidade os parafusos da fechadura. Com a mesma facilidade, voltaremos a colocar a chapa, de modo que não se veja que foi desparafusada. Estando dentro, trancado com você no palheiro onde dorme, me apressarei no que tenho que fazer e você verá ainda mais do que eu disse. E o que iremos comer, não se preocupe, porque eu prepararei uma guarnição de oito dias para nós dois, pois tenho discípulos e amigos que não me deixarão passar fome.

— Sobre a comida — respondeu o negro — não há do que se preocupar, pois com a quantia que me dá meu amo e com as sobras que me dão as escravas, não faltará comida para nós dois. Traga o martelo e o alicate, pois eu farei um buraco junto à dobradiça por onde eles passem e, depois, o cobrirei com barro. Mesmo que dê alguns golpes para tirar a chapa, meu amo dorme tão longe desta porta, que será milagre, ou uma grande desgraça, ele escutar.

— Juro-lhe, Luís — disse Loaysa — que daqui a dois dias você terá tudo o que é necessário para colocar em execução o nosso virtuoso propósito. E não coma coisas pastosas, porque não fazem bem, senão muito mal para a voz.

— Nada me enrouquece tanto — respondeu o negro — como o vinho, mas não deixarei de bebê-lo, por nada neste mundo.

— Não digo para fazer isso — disse Loaysa — nem Deus permita tal coisa. Beba, filho Luís, beba e aproveite, porque o vinho que se bebe sem exagero jamais causa problema.

— Bebo com cautela — respondeu o negro — aqui tenho uma jarra na qual cabem dois litros exatamente. As escravas enchem-na sem que o meu amo saiba e o despenseiro, ocultamente, me traz uma bota de vinho, na qual também cabem exatamente dois litros, que supremo que falta na jarra.

— Isso me parece certo, — disse Loaysa — pois a garganta seca não grunhe nem canta.

— Vá com Deus — disse o negro — mas não deixe de vir cantar todas as noites que demore em trazer o que o fará entrar aqui dentro, porque os meus dedos já estão ansiosos por tocar o violão.

— Claro que virei! — respondeu Loaysa — e com toadinhas novas!

— Isto lhe peço — disse Luís — e agora não deixe de cantar alguma coisa, para que eu vá me deitar alegre. Sobre o pagamento, entenda o senhor pobre que lhe pagarei melhor que um rico.

— Não me importo com isso — disse Loaysa — você vai me pagando segundo o que eu lhe ensinar. Por enquanto, escute esta toadinha, porque quando eu estiver aí dentro você verá maravilhas.

— Que assim seja — respondeu o negro.

Terminando este longo colóquio, Loaysa cantou um romancinho agudo, com o qual deixou o negro tão feliz e satisfeito que este já não via a hora de abrir a porta.

Mal tendo saído da porta, com maior rapidez que as muletas prometiam, Loaysa foi contar para seus conselheiros o bom começo, pressagiando o bom fim que lhe esperava. Encontrou-os e falou o que tinha combinado com o negro. No outro dia, encontraram as ferramentas que eram capazes de romper qualquer parafuso como se fosse de madeira.

O *virote* não descuidou de ir cantar para o negro, nem este de fazer o buraco por onde passasse o que seu mestre lhe desse, tapando-o de tal maneira que, se não fosse olhado com malícia ou de modo suspeitoso, não se percebia nada.

Na segunda noite, Loaysa deu as ferramentas para Luís que, sem fazer muita força, viu os parafusos quebrados e a fechadura na mão: abriu a porta e fez entrar o seu Orfeu e mestre. Quando o viu com suas duas muletas, maltrapilho e manco, ficou admirado. Loaysa estava sem o tapa-olho, porque já não era necessário. Assim que entrou, abraçou o seu bom discípulo, beijou seu rosto, colocou uma grande bota de vinho em suas mãos, uma caixa de conserva e outras coisas doces, porque trazia uns alforjes bem providos. Deixando as muletas, como se não sofresse de nenhum mal, começou a dar cambalhotas, com o que se admirou ainda mais o negro. Então disse Loaysa:

— Saiba, irmão Luís, que o meu estado de maltrapilho e coxo não nasce da doença, mas do engenho, com o qual ganho o que comer pedindo pelo amor de Deus. Com ele e com a minha música vivo a melhor vida do mundo, na qual todos aqueles que não forem engenhosos e traiçoeiros morrerão de fome, isto você verá ao longo de nossa amizade.

— Que seja como você diz — respondeu o negro —, mas coloquemos a fechadura no lugar de modo que não se perceba a mudança.

— Façamos isso — disse Loaysa.

Tirando parafusos do seu alforje, colocaram a fechadura do mesmo jeito que estava antes, o que deixou o negro felicíssimo. Subindo para o aposento que Luís tinha em cima do palheiro, Loaysa se acomodou o melhor que pode.

Luís acendeu uma vela e, sem mais esperar, Loaysa tirou o seu violão e tocou-o baixo e suavemente, deixando o negro extasiado. Tendo tocado um pouco, tirou alguma coisa de beber e deu a seu discípulo. Luís bebeu com tanta vontade que a bebida lhe deixou mais fora de si do que a música. Depois disso, Loaysa decidiu que Luís teria a sua primeira aula. Como o pobre negro tinha quatro dedos de vinho no cérebro, não acertava nada, mas Loaysa lhe fazia acreditar que já sabia, pelo menos, duas toadas. O negro acreditava e durante toda a noite não fez outra coisa a não ser tocar o violão desafinado e sem cordas.

Dormiram o pouco que restava da noite e, pelas seis horas da manhã, Carrizales desceu e abriu a porta do meio e a porta da rua. Esperou o despenseiro que não demorou em chegar. Este passou a comida pela roda e foi embora. Carrizales chamou o negro para que descesse pegar a ração para as mulas e a sua comida. Pegando-as, o velho se foi, deixando fechadas as duas portas, sem ver o que tinha sido feito na porta da rua, o que muito alegrou mestre e discípulo.

Mal tendo saído Carrizales de casa, o negro agarrou o violão e começou a tocar de tal modo que todas as criadas lhe escutaram e perguntaram pela roda:

— O que é isto Luís? Desde quando você tem violão? Quem lhe deu?

— Quem me deu? — respondeu Luís — O melhor músico que existe no mundo e o que me ensinará em menos de seis dias mais de seis mil sons.

— E onde está este músico? — perguntou a dama de companhia.

— Não está longe daqui — respondeu o negro — e se não fosse pelo medo que tenho do meu senhor, talvez eu o mostrasse logo, com a certeza de que vocês ficariam alegres de vê-lo.

— E onde ele pode estar para que a gente possa vê-lo — respondeu a dama de companhia — se nesta casa jamais entrou outro homem além do nosso amo?

— Veja bem — disse o negro — não quero dizer mais nada até que vocês ouçam o que eu ouvi e o que ele me ensinou.

— Por falar nisso — disse a dama de companhia —, se não é o demônio que está lhe ensinando, não sei quem pode lhe fazer música tão rapidamente.

— Pare com isso! — disse o negro — Você o escutará e verá algum dia.

— Isto não pode ser — disse outra donzela — porque não temos janelas para a rua para poder ver e ouvir ninguém.

— Para tudo, menos para a morte, existe remédio — disse o negro — principalmente se vocês sabem e querem guardar segredo.

— E como sabemos, irmão Luís! — disse uma das escravas — Calaremos mais do que se fôssemos mudas. Juro-lhe, amigo, que morro de vontade de ouvir uma boa voz, porque desde que nos emparedaram aqui, nem o canto dos pássaros conseguimos ouvir.

Loaysa escutava tudo isto muito contente, acreditando que todas as coisas se encaminhavam para o que ele queria e que a boa sorte tinha tomado a sua mão para que tudo se fizesse segundo a sua vontade.

O negro se despediu das criadas prometendo-lhes que, quando menos esperassem, as chamaria para que escutassem uma voz muito boa. Temendo que seu amo voltasse e que o encontrasse falando com elas, saiu e se recolheu em sua clausura. Queria ter aula, mas não se atreveu a tocar durante o dia, com medo de que seu amo o escutasse. Ele chegou pouco tempo depois, fechou todas as portas como era costume e se trancou em casa. Naquele mesmo dia, quando uma negra lhe passava comida pela roda, Luís disse que, à noite, depois de que seu amo dormisse, todas descessem para escutar a voz que ele tinha prometido. É certo que antes de dizer isso, tinha pedido a seu mestre que lhe desse a alegria de cantar e tocar naquela noite na roda, para que ele pudesse cumprir a palavra que tinha dado para as criadas, de que ouviriam uma voz extrema, assegurando-lhe que seria um grande presente para todas elas. O mestre se fez um pouco de difícil, mas no final disse que faria o que seu bom discípulo pedia, para alegrar-lhe e sem nenhum outro interesse. O negro o abraçou e lhe deu um beijo na bochecha, em sinal da alegria que lhe dava o desejo consentido. Naquele dia deu de comer tão bem a Loaysa que parecia que estava em sua casa, ou quem sabe melhor, porque pode ser que, nela, lhe faltasse alguma coisa.

Chegou a noite. Na metade dela, ou pouco antes, começaram a murmurar na roda e Luís entendeu que o bando tinha chegado. Chamando o seu mestre, desceram do palheiro, com o violão com mais cordas e afinado. Luís perguntou quantas e quem eram as que escutavam. Responderam-lhe que todas menos a senhora, que tinha ficado dormindo com seu marido. Loaysa lamentou, mas quis dar início ao seu desígnio e alegrar seu discípulo. Tocando o violão mansamente, deixou o negro admirado e atônito o rebanho de mulheres que o escutava.

Que direi sobre o que elas sentiram quando o escutaram tocar o *Pésamedello* y terminar com o endemoniado som da sarabanda, que era novidade na Espanha? Não ficou uma velha sem dançar, nem uma moça sem pular, tudo feito no mais estranho silêncio e com escalas de sentinelas e espiãs para avisar caso o velho acordasse. Loaysa também cantou algumas *seguidillas*, confirmando o gosto daquelas que o escutavam. Elas pediram que o negro lhes dissesse quem era o tão milagroso músico. Disse-lhes que era um pobre mendigo: o mais galã e gentil que existia entre toda a pobreza de Sevilha. Rogaram-lhe que ele encontrasse uma maneira de elas poderem vê-lo e que não o deixasse ir durante os próximos quinze dias, que dariam tudo o que fosse preciso para que ficasse. Perguntaram-lhe como tinha conseguido colocá-lo dentro de casa. Sobre isto, Luís não disse nem uma palavra; sobre o resto, disse que, para poder vê-lo, fizessem um pequeno furo na roda e que o tapassem com cera. Sobre ele permanecer na casa, respondeu que tentaria.

Loaysa também falou, colocando-se ao dispor delas, com tão bons argumentos que se deram conta que não poderiam ser de um pobre mendigo. Rogaram-lhe que viesse cantar, no mesmo lugar, na noite seguinte, porque elas fariam com que a senhora descesse para escutá-lo, apesar do leve sono do seu senhor, cuja leveza não se dava pelos seus muitos anos, mas pelos seus muitos ciúmes. Respondeu Loaysa que, se elas queriam escutá-lo sem o medo de que o velho acordasse, ele lhes daria um pó para que o colocassem no vinho, que o faria dormir um sono tão pesado por muito mais tempo do que o comum.

— Valha-me Deus! — disse uma das donzelas. — Se isto é verdade, que boa ventura nos entrou pela porta sem que notássemos e merecêssemos! Não seria pó de sono para ele, mas pó de vida para nós e para a pobre da minha senhora Leonora, sua mulher, porque não a deixa nem de dia nem de noite, nem a perde de vista por um minuto sequer. Ah, senhor da minha alma! Traga este pó e que Deus lhe dê tudo o que deseja! Vá e não demore; traga-o, meu senhor, porque eu me ofereço para misturá-lo no vinho e ser a que sirva a bebida. Rogo a Deus que o velho durma três dias e três noites, que para nós será a glória.

— Pois eu o trarei – disse Loaysa – e ele não causa nenhum outro mal a quem o toma, a não ser provocar-lhe um sono pesadíssimo.

Todas rogaram que o trouxesse logo. Combinaram de, na noite seguinte, fazer o furo com uma broca e levar a senhora para que visse e ouvisse o músico. Despediram-se e o negro, ainda que já fosse quase o amanhecer, quis ter uma aula. Loaysa atendeu o seu pedido e deu a entender que, entre todos os seus discípulos, não havia quem tivesse melhor ouvido do que ele. Não sabia o pobre negro, e nunca o soube, que nem sequer sabia segurar o violão.

Os amigos de Loaysa iam todas as noites até a porta da rua para ver se lhes dizia algo ou se precisava de alguma coisa. Fazendo um sinal que tinham combinado, Loaysa percebeu que estavam na porta e, pelo buraco da fechadura, contou brevemente como ia bem o seu negócio. Pediu-lhes encarecidamente que procurassem alguma coisa que provocasse o sono, para dá-la a Carrizales, pois ele tinha escutado falar que existia um pó para isso. Disseram-lhe que tinham um amigo médico que lhes daria o melhor remédio que conhecesse – se é que existia – e animando-o a prosseguir com o seu plano, prometeram-lhe voltar na noite seguinte com o que pedia. Despediram-se apressadamente.

Chegou a noite e o bando de pombas compareceu à apresentação de violão. A simples Leonora foi junto com elas, temerosa de que o seu marido acordasse. Vencida pelo temor, não queria ir, mas tantas coisas lhe disseram as criadas, e especialmente a dama de companhia, sobre a suavidade da música e a galante disposição do pobre músico (que sem tê-lo visto, lhe exaltavam e comparavam a Absalão e Orfeu), que a pobre senhora, convencida e persuadida por elas, fez o que não tinha nem jamais teria vontade de fazer. O primeiro que fizeram foi abrir o furo na roda para ver o músico, que já não estava vestido como pobre, mas com uma calça de tafetá vermelho ao estilo marinheiro; uma camisa do mesmo tecido, bordada com fios de ouro e um chapéu, também da mesma cor, com abas levantadas. Tudo isto tinha trazido em seus alforjes, imaginando que chegaria a ocasião em que lhe fosse conveniente mudar de traje.

Loaysa era jovem, de bom parecer e disposição. Como fazia tanto tempo que todas só tinham olhos para ver o velho amo, tiveram a impressão de que viam um anjo. Uma olhava pelo furo, depois outra e, para que pudessem ver melhor, o negro ficava passando a vela, debaixo para cima, próxima ao corpo do jovem. Depois de que todas o tinham visto, inclusive as negras, Loaysa pegou o violão e cantou tão bem aquela noite, que deixou-as atônitas, desde as mais velhas até as mais moças. Todas rogaram a Luís que desse um jeito de que o senhor seu professor entrasse dentro da casa, para que pudessem ouvi-lo e vê-lo mais de perto, não tão mal como pelo furo da roda e sem o sobressalto de estar tão afastadas do seu senhor, que poderia surpreendê-las sem aviso e com o roubo nas mãos, o que não aconteceria se o tivessem escondido lá dentro.

A senhora negou o que pediam com muitas palavras, dizendo que não se fizesse tal coisa porque lhe pesaria na alma e que, desde ali, podiam vê-lo e ouvi-lo sem que a honra delas corresse perigo.

— Que honra? — disse a dama de companhia — Já temos muita! Fique a senhora trancada com seu Matusalém e deixe que nos divirtamos como quisermos. Além disso, este senhor parece tão honrado que não vai querer outra coisa além da que nós queremos.

— Eu, minhas senhoras — disse neste momento Loaysa —, vim aqui com a intenção de servir a todas com a minha alma e com a minha vida, condoído pela clausura e pelos momentos que perdem, neste gênero de vida que levam. Pela vida do meu pai, sou um homem tão simples, tão manso, de tão boa condição e tão obediente, que não farei nada além do que me mandarem. Se alguma das senhoras disser: "Professor, sente-se aqui; professor, passe para lá; venha para cá, acomode-se acolá", assim o farei, como o mais doméstico e ensinado cachorro.

— Se as coisas serão assim — disse a ignorante Leonora —, como entrará o senhor professor aqui dentro?

— Bom — disse Loaysa —, gravem em um pedaço de cera a chave desta porta do meio, que eu providenciarei que amanhã à noite tenhamos outra que possa nos servir.

— Copiando esta chave — disse uma donzela — se copiam todas as outras chaves da casa, porque esta é a chave mestra.

— Nem por isso será mais difícil — respondeu Loaysa.

— Isto é verdade — disse Leonora —, mas, primeiro, este senhor terá que jurar que não vai fazer nenhuma outra coisa quando estiver aqui dentro além de cantar e tocar quando o mandarem e que ficará fechado e quieto onde lhe colocarmos.

— Sim, eu juro — disse Loaysa.

— Esse juramento não vale nada — respondeu Leonora —. Terá que jurar pela vida de seu pai e pela cruz, beijando-a para que todas sejamos testemunhas.

— Juro pela vida de meu pai — disse Loaysa — e por esta cruz, que beijo com a minha boca suja.

E, fazendo a cruz com os dois dedos, beijou-a três vezes.

Isto feito, disse outra das donzelas:

— Senhor, não se esqueça do pó, que é a salvação de tudo.

Com isto, acabou-se a conversa daquela noite, ficando todos muito contentes com o combinado. E a sorte, que de vento em popa encaminhava os desejos de Loaysa, trouxe, pela rua, a aquelas horas — eram duas da madrugada — seus amigos, que tocaram a gaita, sinal que tinham combinado. Loaysa falou com eles, contou como estavam indo as coisas e perguntou se, como tinha pedido, tinham trazido o pó ou qualquer outra coisa que fizesse Carrizales dormir. Também lhes contou da chave mestra. Eles lhe disseram que o pó, ou o unguento, viria na noite seguinte. Contaram-lhe que, untando os pulsos e a face, causava um sono tão profundo que não era possível acordar antes de dois dias, se não se lavasse com vinagre as partes que tinham sido untadas. Sobre a chave, disseram que fariam uma cópia com facilidade. Assim se despediram e Loaysa e seu discípulo dormiram o pouco que restava da noite, esperando ansiosamente a noite futura, para ver se cumpria a palavra prometida sobre a chave. E, como o tempo parece tardio e preguiçoso para os que nele esperam, correu no ritmo dos pensamentos e chegou no momento que quis, porque nunca para, nem sossega.

Chegou, então, a noite e a hora marcada para ir à roda. Foram todas as criadas da casa, as mais velhas e as mais novas, as negras e as brancas, porque desejavam ver o senhor músico dentro da casa. Leonora não estava entre elas e, perguntando Loaysa onde estava, lhe responderam que deitada com o seu marido, que tinha fechado a porta do aposento onde dormiam e colocado a chave debaixo do travesseiro. A senhora tinha dito a elas que, quando o velho dormisse, pegaria a chave mestra e tiraria seu molde na cera, que já estava preparada e mole, que esperassem um pouco e fossem buscá-lo porque o passaria por debaixo da porta.

Loaysa ficou surpreso com o recato do velho, mas nem por isso desanimou no seu desejo. Neste momento, escutou a gaita, foi até o lugar combinado e encontrou seus amigos, que lhe entregaram um potinho de unguento com a propriedade que tinha pedido. Loaysa o pegou e pediu que os amigos esperassem um pouco, para que lhes desse a mostra da chave. Voltou à roda e disse para a dama de companhia, que era a que com mais afinco demonstrava o desejo de que entrasse na casa, que levasse o pote para a senhora Leonora, contando-lhe a propriedade que tinha e que procurasse untar o seu marido com tanto cuidado, que ele não sentisse nada, e, então, ela veria maravilhas. Assim o fez a dama de companhia. Chegando, percebeu que Leonora estava esperando estendida no chão, com o rosto bem próximo à porta. Deitando-se do mesmo modo, aproximou a boca ao ouvido da sua senhora e, em voz baixa, disse que estava com o unguento e lhe explicou como deveria usá-lo. Leonora pegou o unguento e contou para a dama de companhia que não tinha conseguido tirar a chave de seu marido, porque não a tinha embaixo do travesseiro, como de costume, mas entre os dois colchões e quase debaixo da metade do seu corpo. Pediu que dissesse ao professor que, se o unguento funcionava como ele dizia, certamente tirariam a chave todas as vezes que quisessem e, assim, não seria necessário fazer o molde em cera. Por fim, disse que fosse contar isso rapidamente e que voltasse para ver se o unguento funcionava, porque já pensava untar o marido.

A dama de companhia desceu para contar tudo ao professor Loaysa. Ele dispensou seus amigos, que estavam esperando a chave. Tremendo e muito devagar, quase sem ousar soltar o hálito pela boca, Leonora untou os pulsos do marido ciumento e também, as veias do nariz. Quando chegou nelas, teve a impressão de que ele se mexia e ficou paralisada, pensando que tinha sido pega em flagrante. Da melhor maneira que pode, terminou de untar todos os lugares que lhe tinham dito e foi o mesmo que se tivesse embalsamado o marido para a sepultura.

Pouco tempo demorou para que o unguento desse sinais manifestos de sua eficácia, porque logo o velho começou a soltar roncos tão altos que podiam ser escutados na rua – e que soavam como música aos ouvidos de sua esposa, melhor, inclusive, que a do professor e a do negro. Insegura sobre o que via, aproximou-se dele e sacudiu-o um pouco e, logo, mais um pouco e, depois, um pouquinho mais, para ver se acordava. Atreveu-se a virá-lo de um lado para o outro sem que ele acordasse. Vendo isso, foi até a porta e, falando tão baixo como da outra vez, chamou a dama de companhia, que estava esperando, e lhe disse:

— Felicite-me, irmã, porque Carrizales dorme mais pesado do que um morto.

— E o que espera para pegar a chave, senhora? — disse a dama de companhia — O músico lhe está esperando há mais de uma hora.

— Calma irmã, que agora mesmo a pego — respondeu Leonora.

Voltando para a cama, colocou a mão entre os colchões e tirou a chave do meio deles sem que o velho sentisse nada. Pegando-a em suas mãos, começou a dar pulos de felicidade e, sem demora, abriu a porta e apareceu para a dama de companhia, que a recebeu com a maior alegria do mundo.

Leonora mandou que fosse abrir a porta para o músico e que lhe trouxesse até o corredor, porque ela não ousava sair dali, com medo do que pudesse acontecer. Alertou-a de que, antes disso, fizesse com que ele repetisse o juramento de não fazer nada além do que elas lhe ordenassem e que, se ele não quisesse repeti-lo, não lhe abririam a porta.

— Assim o farei — disse a dama de companhia — e não entrará na casa se primeiro não jurar, rejurar e beijar a cruz seis vezes.

— Não lhe determine o número — disse Leonora —: que ele beije a cruz quantas vezes quiser, mas observe se jura pela vida de seus pais e por tudo aquilo que quer bem, porque assim estaremos seguras e nos cansaremos de escutá-lo cantar e tocar, porque na minha alma o faz delicadamente. Ande, não se detenha mais, para que a noite não acabe em conversas.

A boa dama de companhia levantou a saia e, com uma ligeireza nunca vista, chegou à roda, onde estavam todas as pessoas da casa esperando-a. Mostrou-lhes a chave que trazia e foi tanta a alegria de todas que a levantaram no colo, dizendo: "Viva! Viva!" e ainda mais quando lhes disse que não havia necessidade de fazer uma cópia porque, com o unguento, o velho dormia e podiam aproveitar a casa todas as vezes que quisessem.

— Ande, amiga — disse uma das donzelas —, abra essa porta e faça entrar esse senhor que há muito espera e vamos nos fartar de música até não poder mais!

— Antes disso — respondeu a dama de companhia — temos que lhe tomar o juramento, como no outro dia.

— Ele é tão bom — disse uma das escravas —, que não se ofenderá em fazer novo juramento.

Nisto, a dama de companhia abriu a porta e, tendo-a entreaberta, chamou Loaysa, que tinha escutado tudo pelo furo da roda. Aproximou-se da porta, quis entrar, mas a dama de companhia colocou a mão no seu peito e lhe disse:

— Saiba, meu senhor, que, em Deus e em nossa consciência, todas as que estamos dentro das portas desta casa somos donzelas, exceto a minha senhora. Ainda que eu deva aparentar ter quarenta anos, sem ao menos ter feito trinta (porque ainda faltam dois meses e meio para isto) também o sou e, se por acaso pareço velha, dificuldades, trabalhos e tristezas colocam um zero a mais nos anos, e às vezes dois, segundo a sua vontade. E como as coisas são assim, não seria sensato que, em troca de ouvir duas, três ou quatro músicas, puséssemos a perder tanta virgindade que há aqui dentro, porque até esta negra, que se chama Guiomar, é donzela. Deste modo, senhor do meu coração, antes que entre no nosso reino, terá que fazer um juramento solene de que não fará nada além do que nós lhe ordenarmos. Se achar que o que pedimos é muito, considere que é muito maior o que se arrisca. Se o senhor vem com boa intenção, pouco lhe vai doer jurar, porque a bom pagador não lhe doem as dívidas.

— Bem, e muito bem, falou a senhora Marialonso — disse uma das donzelas — como pessoa discreta e que faz as coisas como se deve. Se o senhor não quiser jurar, não entrará aqui dentro.

Nisto disse Guiomar, a negra, que era muito astuta:

— Por mim, não precisa de jura nenhuma, entre com o diabo todo; porque, ainda que continue jurando, quando estiver aqui dentro, esquecerá de tudo.

Loaysa ouviu calmamente o discurso da senhora Marialonso. Pausadamente, e com autoridade, respondeu:

— Certamente, minhas senhoras, irmãs e companheiras, nunca foi, não é e nem será outro o meu desejo senão o de agradar-lhes até onde as minhas forças alcançarem. Assim, não me custará nada fazer o juramento que me pedem, mas gostaria que acreditassem na minha palavra, porque dada por uma pessoa como eu, é como se cumprisse com uma obrigação. Quero que a senhora saiba que debaixo desta vestimenta existe outra coisa e que, debaixo de uma capa ruim, sempre há um bom bebedor. Mas, para que todas estejam certas do meu desejo, juro como católico e bom varão. Juro, para garantir a eficácia do meu juramento, por tudo o que é mais santo, pelas entradas e saídas do santo Monte Líbano e por tudo aquilo que em seu proêmio encerra a verdadeira história de Carlos Magno, com a morte do gigante Ferrabrás. Não descumprirei o juramento feito e atenderei tudo que mandar até a menor e menos valorizada destas senhoras, sob pena de que se outra coisa fizesse ou quisesse fazer, desde agora em diante e desde diante até agora, daria por nulo e inválido tudo o que digo.

O bom Loaysa fazia o seu juramento quando, uma das duas donzelas, que escutava com atenção tudo o que vinha dizendo, deu um forte grito:

— Este sim é juramento para fazer as pedras estremecerem! Maldita seja eu se pedir para continuar o juramento, pois só com o jurado poderia entrar na Caverna da Cabra.

E, puxando-o pela calça, colocou-o para dentro e, logo, todas as demais o rodearam. Uma foi contar as novas para a senhora, que estava de sentinela do sono do seu esposo. Quando a mensageira lhe disse que o músico já tinha subido, alegrou-se e perturbou-se por um instante. Perguntou-lhe, então, se tinha feito o juramento. Respondeu-lhe que sim e com a forma mais original que tinha escutado na vida.

— Pois se jurou — disse Leonora —, o temos sobre controle. Ó, como estava preocupada com que fizesse este juramento!

Nisto, chegou toda a caterva e o músico no meio, iluminados pelo negro e pela negra Guiomar. Vendo Loaysa a Leonora, foi ajoelhar-se a seus pés para beijar-lhe as mãos. Ela, sem falar nada e com sinais, fez com que ele levantasse. Todas estavam como mudas, sem ousar falar uma palavra, temerosas de que seu senhor as escutasse. Loaysa lhes disse que podiam falar alto porque o unguento com o que estava untado tinha o poder de não tirar a vida, mas deixar um homem como se estivesse morto.

— Eu acredito nisso — disse Leonora —; porque se não fosse assim, ele já teria acordado umas vinte vezes, porque tem o sono leve por causa de suas muitas indisposições, mas, depois que o untei, ronca como um animal.

— Pois, então — disse a dama de companhia —, vamos para aquela sala da frente, onde poderemos ouvir o senhor cantar e alegrar-nos um pouco.

— Vamos — disse Leonora —, mas que Guiomar fique aqui vigiando, para nos avisar, caso Carrizales acorde.

A isto respondeu Guiomar:

— Eu, negra, fico e as brancas vão! Que Deus perdoe a todas!

A negra ficou e as outras foram para a sala, onde havia um bonito chão de madeira. Colocando o senhor no meio, sentaram-se todas à sua volta. A boa Marialonso pegou uma vela e começou a olhar o bom músico de cima a baixo. Uma dizia: "Ai, que cabelo lindo e tão encaracolado!" Outra: "Ai, que dentes mais brancos! Nem os pinhões descascados são mais brancos e lindos do que eles!". Outra: "Ai, que olhos tão grandes e tão puxados! E, pela alma da minha mãe, são verdes e parecem duas esmeraldas!". Uma admirava a boca, a outra os pés e, todas juntas, fizeram-lhe um exame anatômico detalhado. Somente Leonora olhava calada e ia achando que tinha melhor porte do que seu marido.

Nisto, a dama de companhia pegou o violão, que estava com o negro e colocou-o nas mãos de Loaysa. Pediu que cantasse e tocasse umas coplas que estavam na moda em Sevilha e que diziam:

Mãe, minha mãe[1]
guardas me coloca

Loaysa cumpriu com o seu desejo. Todas se levantaram e começaram a dançar. A dama de companhia sabia a copla e cantou-a com mais alegria do que boa voz. E esta era:

---

[1] Para a versão original dos versos consulte o final da novela.

Mãe, minha mãe
guardas me coloca
porque se eu não me guardo
não me guardará.

Dizem que está escrito,
e com toda razão
ser a privação
causa de apetite;
cresce ao infinito
trancado amor,
por isso é melhor
que não me tranque,
porque se eu, etc.

Se a vontade
por si não se guarda
não a farão guarda
medo ou virtude;
romperá, na verdade,
pela morte
até encontrar a sorte
que a senhora não entende;
porque se eu, etc.

Quem tem costume
de ser amorosa,
como mariposa
irá atrás do seu clarão

ainda que uma multidão
de guardas lhe imponham
e ainda que mais proponham
fazer o que faz;
porque se eu, etc.

É tal
a força amorosa
que a mais formosa
transforma em quimera;
o peito de cera
de fogo a ganha
as mãos de lã
de feltro os pés;
porque se eu não me guardo,
mal me guardará

    As moças chegavam ao fim de seu canto e de sua dança, acompanhadas pela boa dama de companhia, quando Guiomar, a sentinela, entrou, agitada, tremendo o pé e a mão, como se tivesse com um ataque de epilepsia. Com voz rouca e baixa, disse:
    — Acordado senhor, senhora! Senhora, acordado, senhor! Levante e venha.
    Quem já viu um bando de pombas comendo, sem medo, no campo o que mãos alheias tinham plantado e que ao violento estrépito disparo de uma escopeta, assusta-se e levanta-se e, esquecendo-se do pasto, confuso e atônito, cruza pelos ares, pode imaginar como ficou o grupo das dançarinas, pasmas e temerosas, ouvindo a não esperada notícia que Guiomar trazia. Procurando cada uma a

sua desculpa e, todas juntas, sua salvação, foram se esconder pelos cantos da casa, cada uma para um lado, deixando o músico sozinho, que, abandonando o canto e o violão, não sabia o que fazer.

Leonora torcia as mãos e a senhora Marialonso, ainda que suavemente, esbofeteava-se. Tudo era confusão, sobressalto e medo. A dama de companhia, que era a mais astuta e controlada, mandou que Loaysa entrasse em seu aposento, que ela e a senhora ficariam na sala, porque não faltariam desculpas para dar ao senhor se ali as encontrasse.

Loaysa se escondeu rápido e a dama de companhia ficou escutando atentamente, para assegurar-se de que seu amo se aproximava. Como não ouviu nenhum barulho, recobrou o ânimo e, pouco a pouco, passo a passo, foi se aproximando do quarto onde dormia seu senhor. Escutou que roncava profundamente e, com a certeza de que dormia, levantou a saia e voltou correndo para contar a sua senhora, que a recebeu com muito boa vontade, as boas novas sobre o sono do seu esposo.

A boa dama de companhia não quis perder a ocasião que a sorte lhe oferecia de gozar, antes do que todas as outras, as graças que imaginava que o músico tinha. Assim, dizendo a Leonora que esperasse na sala, enquanto ia chamá-lo, deixou-a e entrou onde ele estava, não menos confuso do que pensativo, esperando as novas sobre o que fazia o velho untado. Maldizia a falsidade do unguento, queixava-se da ingenuidade de seus amigos e do pouco cuidado que tinha tido não testando o unguento em outra pessoa antes de aplicá-lo em Carrizales.

Nisto, chegou a dama de companhia e assegurou-lhe que o velho dormia como um anjo. Acalmou-se e esteve atento às muitas palavras amorosas que Marialonso lhe disse, as quais se uniram a sua má intenção, e propôs-se fazê-la anzol para a pesca da sua senhora. Estando os dois nesta conversa, as outras criadas, que estavam escondidas em diferentes partes da casa, uma aqui e outra ali, voltaram para ver se era verdade que o amo tinha acordado. Vendo que tudo estava sepultado em silêncio, chegaram até a sala onde tinham deixado a senhora, por quem souberam que o senhor continuava dormindo. Perguntaram-lhe pelo músico e pela dama de companhia, ela lhes disse onde estavam e, todas, com o mesmo silêncio com o que tinham vindo, foram escutar por trás da porta o que falavam.

Junto estava Guiomar, a negra; mas o negro não, porque, assim que escutou que seu amo tinha acordado, abraçou-se ao seu violão e foi se esconder no palheiro. Coberto com uma manta da sua pobre cama, suava de medo. E, apesar de tudo isso, não deixava de tocar as cordas do violão, tamanha era a paixão que tinha pela música.

As moças tentavam escutar os elogios que fazia a velha e cada uma a injuriou: nenhuma lhe chamou de velha a não ser com seu epíteto e adjetivo de feiticeira, de barbuda, de cheia de vontades e de outros que, por respeito, se calam. Mas o que causaria risada àqueles que as ouvissem eram os argumentos de Guiomar, a negra, que por ser portuguesa e não muito inteligente, tinha uma forma engraçada de censurar a dama de companhia. Resumidamente, a conclusão da conversa dos dois foi que ele cumpriria a vontade dela, se ela, primeiro, lhe entregasse a sua senhora.

Foi difícil para a dama de companhia oferecer o que o músico lhe pedia, mas, em troca de cumprir o desejo que já tinha se apoderado da sua alma, dos seus ossos e da sua medula, prometeu-lhe o que era quase impossível de imaginar. Deixou-o e saiu para falar com a sua senhora. Como viu que a porta estava rodeada por todas as criadas, disse-lhes que se recolhessem aos seus aposentos, que outra noite teriam ocasião de aproveitar o músico com menos, ou nenhum, sobressalto, e que, naquela noite, todo o alvoroço tinha aguado a apresentação.

Todas entenderam que a velha queria ficar sozinha e não puderam deixar de obedecê-la porque era ela quem mandava. As criadas saíram e ela foi até a sala com o intuito de persuadir Leonora a acatar o desejo de Loaysa. Fez tão bom e coerente discurso, que parecia que o tinha estudado durante muitos dias. Destacou a gentileza, o valor, a elegância e os muitos talentos de Loaysa. Fez-lhe imaginar como seriam mais gostosos os abraços do amante moço do que os do velho marido. Com outras tantas coisas semelhantes – que o demônio colocou na sua língua – cheias de cores retóricas, tão demonstrativas e eficazes, moveu o terno e pouco advertido coração da simples e incauta Leonora e moveria, até mesmo, o mármore mais endurecido. Ó damas de companhia, nascidas e usadas no mundo para a perdição de mil recatadas senhoras! Ó longos hábitos, utilizados pelas nobres senhoras nas salas, uso tão contrário ao que lhe é por ofício! Ao final, tanto disse, tanto persuadiu a dama de companhia que Leonora rendeu-se, enganou-se e perdeu-se, fazendo com que todas as prevenções do cuidadoso Carrizales, que dormia o sono da morte da sua honra, caíssem por terra.

Marialonso pegou a sua senhora pela mão e, quase à força, com os olhos cheios de lágrimas, levou-a até onde estava Loaysa. Dando-lhes a benção com uma risada falsa de demônio, fechou a porta atrás de si, deixou-os fechados e foi dormir na sala ou, melhor dizendo, esperar pelo seu pagamento. Mas, como o desvelo das noites anteriores a venceram, acabou dormindo.

Nesta ocasião seria bom perguntar a Carrizales, se ele não estivesse dormindo, onde estavam seus advertidos cuidados; seus receios; sua atenção; suas persuasões; os altos muros de sua casa; o fato de não ter entrado nela, nem em sombra, alguém que tivesse o nome de homem; a roda; as grossas paredes; as janelas sem luz; a clausura; o grande dote que tinha pago por Leonora; os presentes que lhe fazia continuamente; o bom tratamento que dava às suas criadas e escravas; o não faltar em nada em tudo o que elas pudessem desejar... Mas, já está dito que não havia maneira de perguntar-lhe, porque dormia mais do que era necessário e, se ele o ouvisse e por acaso respondesse, não poderia dar melhor resposta do que encolher os ombros e franzir a sobrancelha, dizendo: "Tudo isto foi derrubado, creio eu, pela astúcia de um rapaz vagabundo e vicioso, e a malícia de uma falsa dama de companhia, somado à inadvertência de uma moça persuadida!" Que Deus livre a cada um de tais inimigos, contra os quais não há escudo que defenda, nem espada de recato que corte.

Apesar de tudo isso, a coragem de Leonora foi tanta que, no momento mais conveniente, mostrou-se contra as forças do seu astuto enganador, pois seus argumentos não foram suficientes para convencê-la. Ele se cansou em vão, ela saiu vencedora e, ambos, caíram dormidos. Nisto, ordenou o céu que, apesar do unguento, Carrizales acordasse. Como era de costume, apalpou a cama por todos os lados. Não encontrando nela a sua querida esposa, deu um pulo, apavorado e atônito, com mais rapidez e agilidade do que seus muitos anos permitiam. Vendo que a esposa não estava no quarto, que a porta estava aberta e que a chave não estava debaixo do colchão, pensou que ia perder a razão. Controlando-se um pouco, saiu até o corredor e, de ali, andando na ponta dos pés para não ser escutado, chegou até a sala onde dormia a dama de companhia. Vendo-a sozinha, sem Leonora, foi até o quarto dela e, abrindo a porta lentamente, viu o que daria por melhor não ter olhos para ver: Leonora nos braços de Loaysa, dormindo um sono tão profundo como se neles atuasse o unguento e não no velho ciumento.

Carrizales ficou sem reação com a amarga visão que teve, a voz não lhe saiu da garganta, os braços ficaram dormentes e permaneceu parado como uma estátua de mármore frio. Ainda que a cólera cumprisse com o seu ofício, animando seu espírito quase morto, tanto pode a dor, que não o deixou respirar. Teria se vingado daquela grande maldade se estivesse ali com as suas armas. Determinou voltar até o seu quarto e pegar uma adaga, para tirar as manchas de sua honra com o sangue dos seus dois inimigos e, também, com o de todos daquela casa. Com esta determinação honrosa voltou, com o mesmo silêncio e recato com que tinha ido, até o seu quarto, onde lhe deu uma dor tão forte no coração, tamanha era a dor e angústia que sentia, que sem poder fazer outra coisa, deixou-se cair desmaiado sob o leito.

Nisto chegou o dia e encontrou os novos adúlteros enlaçados na rede de seus braços. Marialonso acordou e quis ir cobrar o que, a seu parecer, lhe cabia, mas vendo que era tarde, resolveu deixá-lo para a noite seguinte. Leonora se assustou percebendo que o dia já tinha começado e maldisse o seu descuido e o da maldita dama de companhia. As duas, com passos sobressaltados, foram até onde estava seu esposo, rogando baixinho ao céu, que o encontrassem ainda roncando. Quando lhe viram quieto em cima da cama, acreditaram que ainda era obra do unguento, pois dormia, e, com grande alegria, se abraçaram. Leonora se aproximou do seu marido e, segurando-lhe pelo braço, virou-lhe de um lado a outro, para ver se acordava sem que fosse preciso lavá-lo com vinagre, como diziam que era necessário, para que voltasse a si. Com o movimento, Carrizales acordou do seu desmaio e, dando um suspiro, com uma voz fraca e lastimosa, disse:

— Pobre de mim! Que tristes circunstâncias a minha sorte me trouxe!

Leonora não entendeu muito bem o que dizia seu esposo, mas como viu que estava acordado e falava, admirada de ver que a propriedade do unguento não durava tanto como lhe tinham dito, aproximou-se dele e abraçando-o, lhe disse:

— O que tem, meu senhor? Parece que está se queixando.

O velho desafortunado escutou a doce voz da sua inimiga. Abrindo os olhos, como atônito e embelezado, colocou-os nela, e com grande afinco, sem mover um cílio, esteve olhando-a por um bom tempo, depois do qual lhe disse:

— Faça-me o favor, senhora, de mandar chamar seus pais de minha parte, porque sinto não sei o que no coração que me dá um grande cansaço, temo que isso em breve me tire a vida e queria vê-los antes de morrer.

Leonora acreditou que era verdade o que dizia seu marido, pensando que o unguento, e não o que ele tinha visto, tinha-lhe deixado naquela situação. Respondendo-lhe que faria o que ele pedia, mandou que o negro fosse chamar seus pais rapidamente. Abraçando-se a seu esposo, agradava-lhe de uma maneira que nunca tinha feito, perguntando o que sentia, com tão ternas e amorosas palavras, como se fosse a coisa que mais amasse no mundo. Ele a olhava com a admiração que se disse, sendo que cada palavra ou carícia era como uma lança que lhe atravessava a alma.

A dama de companhia contou para os da casa e para Loaysa sobre a doença de seu amo, ponderando que deveria ser algo grave, pois tinha se esquecido de mandar fechar as portas da rua quando o negro saiu para chamar os pais de sua senhora. Também eles se admiraram pelo chamado, já que nunca tinham entrado naquela casa depois de que a filha tinha se casado.

Todos estavam quietos e atônitos, sem saber a verdadeira causa da indisposição do seu amo, quem, de tempos em tempos, suspirava tão profunda e dolorosamente que parecia que cada suspiro lhe arrancaria a alma.

Leonora chorava vendo-o daquela maneira e ele ria, com um riso de uma pessoa que está fora de si, considerando a falsidade das lágrimas de sua esposa.

Nisto, chegaram os pais de Leonora. Encontrando a porta da rua e do pátio abertas, a casa sepultada em silêncio e vazia, ficaram admirados e não menos assustados. Foram até o quarto do seu genro e encontraram-no, como já se disse, com os olhos fixos em sua esposa, que segurava as suas mãos, derramando os dois, muitas lágrimas. Ela, por ver as de seu esposo; ele, por ver como ela as derramava de maneira tão fingida.

Assim que os seus pais entraram, falou Carrizales:

— Os senhores se sentem aqui. Todos os demais deixem desocupado este quarto. Só fique a senhora Marialonso.

Assim o fizeram. Ficaram os cinco, sem esperar que outro, a não ser Carrizales, falasse. Com voz calma, secando os olhos, falou desta maneira:

— Estou certo, meus pais e senhores, que não será preciso trazer testemunhas para que acreditem na verdade do que quero contar-lhes. Os senhores devem lembrar bem (porque não é possível que tenha saído de suas memórias) com quanto amor, com quanta boa vontade, faz hoje um ano, um mês, cinco dias e nove horas que os senhores me entregaram a sua querida filha por minha legítima esposa. Os senhores também sabem como fui generoso com ela, pois tamanho foi o dote que mais de três de sua mesma condição poderiam se casar achando que estavam ricas. Devem, ainda, lembrar-se da minha diligência de vesti-la e adorná-la com tudo aquilo que ela desejou e eu sabia que lhe convinha. Os senhores viram como, guiado pela minha condição natural e temeroso do mal de que, sem dúvida, morrerei, calejado pela minha idade e pelos vários conhecimentos do mundo, quis guardar esta joia, que eu escolhi e os senhores me deram, com o maior recato possível. Levantei as muralhas desta casa, tirei a vista das janelas para a rua, dobrei as fechaduras das portas, coloquei uma roda como nos conventos, afastei dela tudo aquilo que sombra ou nome de homem tivesse. Dei-lhe criadas e escravas que as servissem; não neguei a elas nada do que me pediram; fiz dela minha igual; contei-lhe os meus pensamentos mais secretos; entreguei a ela tudo o que tinha. Todas estas eram obras para que eu vivesse seguro de gozar sem sobressalto o que tanto me tinha custado e ela procurasse não dar ocasião a que nenhum gênero de temor ciumento entrasse no meu pensamento. Mas, como não se pode prevenir com diligência humana o castigo que a vontade divina quer dar aos que não colocam nela todos os seus desejos e esperanças, é certo que eu fique defraudado nas minhas esperanças e que eu mesmo seja o fabricante do veneno que vai tirando a minha vida. Como vejo a admiração em todos os que estão atentos às palavras da minha boca, quero concluir o longo preâmbulo desta fala dizendo em uma palavra o que não é possível dizer com milhares delas. Digo, então, senhores, que tudo o que eu disse e fiz deu em que nesta madrugada eu encontrasse a esta, nascida para a perdição do meu sossego e fim da minha vida (disse isso apontando para a esposa), nos braços de um jovem rapaz, que no quarto desta pestífera dama de companhia agora está escondido.

Mal tinha dito estas últimas palavras, Leonora sentiu um aperto em seu coração e caiu desmaiada nos pés de seu marido. Marialonso perdeu a cor e as gargantas dos pais de Leonora ficaram atravessadas por um nó que não lhes deixava dizer uma só palavra. Mas, seguindo adiante, disse Carrizales:

— A vingança que penso tomar por esta afronta não é, nem há de ser, como as que comumente se tomam, pois quero que, como eu fui extremo no que fiz, que assim também seja a minha vingança, considerando-me o mais culpado neste delito, porque deveria ter considerado que bem não poderiam conviver os quinze anos desta menina com os quase oitenta meus. Eu fui, como o bicho da seda, quem fabricou a si mesmo a casa onde morre e não a culpo, ó menina mal aconselhada! (dizendo isto, inclinou-se e beijou o rosto da desmaiada Leonora). Não a culpo, digo, porque persuasões de velhas astutas e adulações de jovens apaixonados facilmente vencem e triunfam sob a inteligência dos poucos anos. Mas, para que todo mundo veja o valor dos quilates da vontade e da fé com que a quis, neste último momento de minha vida, quero demonstrá-lo para que fique gravado no mundo como exemplo, se não de bondade, pelo menos de simplicidade jamais vista ou ouvida. Quero que tragam rapidamente um escrivão, para fazer o meu testamento de novo. Mandarei dobrar o dote de Leonora e, depois dos meus dias, que não serão muitos, poderá utilizá-lo segundo o seu desejo. Também deixarei escrito que se case com aquele moço, a quem nunca ofenderam os cabelos brancos deste pobre velho. Assim verão que, se vivendo jamais descuidei do que ela poderia gostar, na morte, faço o mesmo e quero que fique com ele, a quem tanto deve desejar. O resto do dinheiro, mandarei para obras de caridade e a vocês, meus senhores, deixarei o suficiente para que possam viver honrosamente tudo o que lhes resta de vida. Que venha logo o escrivão, porque o sofrimento que tenho me angustia de tal maneira que, com o passar do tempo, vai diminuindo o meu andar pela vida.

Tendo dito isto, sofreu um terrível desmaio e caiu tão perto de Leonora que seus rostos ficaram juntos: estranho e triste espetáculo para os pais, que olhavam a sua querida filha e seu amado genro! A má dama de companhia não quis esperar pelas repreensões que pensou que sofreria dos pais de sua senhora. Assim, saiu do quarto e foi contar para Loaysa tudo o que tinha acontecido, aconselhando-o que saísse logo daquela casa, que ela lhe contaria pelo negro tudo o que acontecesse, pois já não havia portas nem chaves que o impedissem. Loaysa ficou admirado com as novas e, aceitando o conselho, voltou a vestir-se como pobre e foi contar para seus amigos o estranho e nunca visto acontecimento de seus amores.

Enquanto os dois estavam desmaiados, o pai de Leonora mandou chamar um escrivão, seu amigo, que chegou quando a filha e o genro já tinham voltado a si. Carrizales fez seu testamento do modo que tinha dito, sem declarar o erro de Leonora, mas alegando bons motivos para que se casasse, caso ele morresse, com aquele jovem que lhe tinha dito em segredo. Quando Leonora escutou isso, jogou-se aos pés do seu marido e, saindo-lhe o coração do peito, lhe disse:

—Viva muitos anos, meu senhor e todo o meu bem, pois, apesar de não estar obrigado a acreditar em nada do que eu lhe diga, saiba que eu não o ofendi mais do que em pensamento.

E, começando a desculpar-se, propôs-se a contar detalhadamente a verdade do caso, mas não pôde mover a língua e voltou a desmaiar. Abraçou-a assim desmaiada o lastimado velho, abraçaram-na seus pais, choraram todos tão dolorosamente, que fizeram com que o escrivão também os acompanhasse. No testamento, Carrizales deixou dinheiro suficiente para que as criadas pudessem viver, deu a liberdade para as escravas e para o negro e para a falsa de Marialonso não deixou mais do que seus salários. A dor lhe causou tanto sofrimento que, ao sétimo dia, o levaram à sepultura.

Leonora ficou viúva, chorosa e rica. Enquanto Loaysa esperava que se cumprisse o que ele sabia que o marido de Leonora tinha determinado por escrito em testamento, viu que ela entrava para viver como freira em um dos conventos mais recolhidos da cidade. Ele, confuso, foi para as Índias. Os pais de Leonora ficaram tristíssimos, mas se consolaram com o que seu genro lhes tinha deixado em testamento. As criadas se consolaram com a mesma coisa; as escravas e o escravo, com a liberdade; e a malvada dama de companhia, ficou pobre e defraudada de todos os seus maus pensamentos.

E eu fiquei com o desejo de que esse acontecimento chegasse ao fim: exemplo do pouco em que se deve confiar em chaves, rodas e paredes quando a vontade fica livre e de como não se pode confiar nos verdes e poucos anos, se lhes chegam ao ouvido exortações destas damas de hábito negro e toucas brancas. Só não entendo porque Leonora não tentou se desculpar com mais afinco e dar a entender a seu ciumento marido, quão limpa e sem ofensa tinha permanecido naquele acontecimento, mas a confusão lhe atou a língua e a rapidez com que morreu Carrizales não deu lugar para a desculpa.

Versos de O Ciumento de Estremadura

Página 37

Madre, la mi madre
guardas me ponéis.

*
* *

Página 38

Madre, la mi madre,
guardas me ponéis;
que si yo no me guardo,
no me guardaréis.

Dicen que está escrito,
y con gran razón,
ser la privación
causa de apetito;
crece en infinito
encerrado amor;
por eso es mejor
que no me encerréis;
que si yo, etc.

Si la voluntad
por sí no se guarda,
no la harán guarda
miedo o calidad;

romperá, en verdad,
por la misma muerte,
hasta hallar la suerte
que vos no entendéis;
que si yo, etc.

Quien tiene costumbre
de ser amorosa,
como mariposa
se irá tras su lumbre,
aunque muchedumbre
de guardas le pongan,
y aunque más propongan
de hacer lo que hacéis;
que si yo, etc.

Es de tal manera
la fuerza amorosa,
que a la más hermosa
la vuelve en quimera;
el pecho de cera,
de fuego la gana,
las manos de lana,
de fieltro los pies;
que si yo no me guardo,
mal me guardaréis.

O Colóquio dos Cachorros

NOVELA E COLÓQUIO QUE ACONTECEU ENTRE CIPIÃO E BERGANZA, CACHORROS DO HOSPITAL DA RESSURREIÇÃO, NA CIDADE DE VALLADOLID, FORA DA PORTA DO CAMPO, TAMBÉM CHAMADOS "OS CACHORROS DE MAHÚDES"

CIPIÃO – Berganza, meu amigo, deixemos esta noite o Hospital aos cuidados da sorte e retiremo-nos à solidão, entre estes tapetes, onde poderemos gozar, sem ser notados, da bondade que o céu nos concedeu.

BERGANZA – Cipião, meu irmão, escuto você falar e sei que falo com você, mas não posso acreditar, porque me parece que a nossa fala vai além do que determina a natureza.

CIPIÃO – Isso é verdade, Berganza. E o milagre é ainda maior: não apenas falamos, mas com conteúdo, como se tivéssemos entendimento, estando tão sem ele que a diferença entre um animal e um homem é que o homem é um ser racional e o animal, irracional.

BERGANZA – Tudo o que você diz, Cipião, eu entendo, e o fato de que você o diga e eu o entenda me causa ainda mais estranheza. Bem é certo que, ao longo da minha vida, diversas vezes ouvi grandes coisas sobre nós. Alguns acham que temos uma natureza diferente, tão viva e tão aguda, que dá indícios de faltar muito pouco para mostrarmos que temos um entendimento capaz de discurso.

CIPIÃO – Do que eu ouvi falar e enaltecer foi sobre nossa memória, nossa gratidão e nossa fidelidade, tanto que costumam dizer que somos o símbolo da amizade. Você deve ter visto (se presta atenção nestas coisas) que nas sepulturas de alabastro, onde costumam estar as figuras dos que ali estão enterrados, quando são marido e mulher, colocam entre os dois, aos pés, a figura de um cachorro, como sinal de que guardaram durante a vida amizade e fidelidade inviolável.

BERGANZA – Bem sei que existiram cachorros tão agradecidos que jogaram seus corpos na mesma sepultura que a dos seus defuntos donos. Outros ficaram em cima das sepulturas onde estavam enterrados seus senhores, sem se afastar delas, sem comer, até que a sua vida acabasse. Sei também que, depois do elefante, o cachorro é o mais inteligente, depois o cavalo e, por último, o macaco.

CIPIÃO – É isto mesmo, mas pode confessar que você nunca ouviu, nem escutou dizer que um elefante, um cachorro, um cavalo ou um macaco falassem. Por isso, entendo que este nosso falar tão repentino está entre aquelas coisas que chamam prodigiosas que, quando aparecem, anunciam uma grande calamidade ameaçando as pessoas.

BERGANZA – Assim, posso entender como sinal prodigioso o que escutei, há alguns dias, de um estudante que passou por Alcalá de Henares.

CIPIÃO – O que você ouviu?

BERGANZA – Que dos cinco mil estudantes matriculados na Universidade aquele ano, dois mil estudavam Medicina.

CIPIÃO – E o que você deduz disso?

BERGANZA – Deduzo que ou esses dois mil médicos vão ter muitos doentes para cuidar (o que seria uma calamidade e uma má sorte) ou morrerão de fome.

CIPIÃO – Mas, seja pelo que for, prodigioso ou não, nós falamos. Quando o céu tem decidido que alguma coisa aconteça, não há diligência ou sabedoria humana que possa impedi-lo. Assim, não temos porque ficar discutindo como ou porque falamos. Melhor será aproveitarmos este tempo e estes tapetes, pois não sabemos quanto durará esta nossa sorte. Aproveitemos e falemos durante a noite inteira, sem deixar que o sono nos vença, porque eu desejo isso há muito tempo.

BERGANZA – E eu! Desde que tive forças para roer um osso tenho o desejo de falar para dizer as coisas que guardo na memória e que ali, pelo tempo e pela quantidade, ou mofaram ou ficaram esquecidas. Mas agora que tão sem pensar me vejo enriquecido por este divino dom da fala, penso em aproveitar tudo o que eu puder, apressando-me para contar tudo aquilo que eu lembrar, ainda que de forma atropelada e confusa, já que não sei quando vão pedir que eu devolva este bem que me emprestaram.

CIPIÃO – Façamos assim, Berganza, meu amigo: durante esta noite você me conta a sua vida e os caminhos por onde você andou até chegar aqui e se amanhã ainda estivermos falando, eu lhe contarei a minha, porque será melhor gastar o tempo contando a própria vida do que procurar saber das vidas alheias.

BERGANZA – Sempre, Cipião, considerei-o discreto e amigo e agora mais do que nunca porque como amigo você quer me contar as suas coisas e saber das minhas e, como discreto, dividiu o tempo para que possamos fazê-lo igualmente. Mas, primeiro preste atenção se ninguém nos escuta.

CIPIÃO – Acho que ninguém, já que aqui perto de nós só tem um soldado tomando suores, com jeito de estar mais dormindo do que escutando.

BERGANZA – Se posso falar com segurança, escute-me e se lhe cansar o que eu for contando, me repreenda ou mande que eu me cale.

CIPIÃO – Fale até que amanheça ou até que alguém nos escute, porque eu lhe escutarei com muito boa vontade, lhe interrompendo só quando achar necessário.

BERGANZA – Acho que a primeira vez que vi o sol foi em Sevilha, no *Matadero*, que está fora da Porta da Carne e imaginava (se não fosse pelo que depois lhe contarei) que meus pais eram alanos criados pelos que chamam de açougueiros. O primeiro que conheci por dono se chamava Nicolás, o torpe, homem robusto e colérico, como todos os açougueiros. Este tal Nicolás ensinava para mim e para os demais filhotes – na companhia dos alanos velhos – a arremeter contra os touros e a agarrar as suas orelhas. Rapidamente virei um especialista nisso.

CIPIÃO – Não me surpreendo, porque como fazer o mal vem de colheita natural, facilmente se aprende a fazê-lo.

BERGANZA – Que poderia lhe contar, Cipião irmão, do que vi no *Matadero* e das coisas estranhas que lá acontecem? Primeiro você deve saber que todos os que lá trabalham, do mais velho ao mais novo, são gente curta de consciência e desalmada, que não teme ao Rei nem à justiça. Amancebados, são aves de rapina carniceira: se mantêm, com suas amantes, do que furtam. Todos os sábados, antes do amanhecer, chega ao *Matadero* uma grande quantidade de mulheres e meninos, todos com sacolas de tecido que, chegando vazias, voltam cheias de pedaços de carne. As criadas levam testículos e lombos quase inteiros, não há boi morto do qual não levem pedaços dos mais saborosos e bem servidos. Como em Sevilha não há um encarregado pela carne, cada um pode levar o quanto quiser. O primeiro boi que se mata, ou é o melhor ou o mais barato, e sempre há muita abundância. Os senhores recomendam para esta gente que eu lhe falei, não que não lhes roubem (porque isso é impossível), mas que sejam moderados nos cortes e saques que fazem dos bois mortos, porque os limpam e podam como se fossem salgueiros ou parreiras. Mas nada me admirava mais e nem me parecia pior do que ver que estes açougueiros matam com a mesma facilidade um homem e uma vaca. Por qualquer bobagem, a cada dois por três, enfiam uma faca na barriga de uma pessoa, como se matassem um touro. Raramente acaba um dia sem pendência e sem feridas e, às vezes, sem mortes, todos se acham valentes e têm um quê de perversidade, não há nenhum que não tenha o seu protetor na Praça de São Francisco, subornados com lombos e línguas de vaca. Finalmente, ouvi um homem discreto dizer que o Rei tinha três coisas para conquistar em Sevilha: a rua da Caça, a ladeirinha e o *Matadero*.

CIPIÃO – Amigo Berganza, se você demorar em contar as diferentes condições dos donos que teve tanto quanto demorou para contar desse primeiro, precisaremos pedir ao céu que nos conceda a fala por, pelo menos, um ano e, mesmo assim, temo que você não chegue até a metade da sua história. Quero lhe advertir uma coisa, que você comprovará quando eu lhe contar os acontecimentos da minha vida; entre as histórias, umas terminam e têm graça por elas mesmas; outras, no modo de contar (quero dizer que há algumas que, mesmo que sejam contadas sem preâmbulos e ornamentos de palavras, são agradáveis); outras ainda, devem ser vestidas de palavras, movimentos do rosto e das mãos, mudando a voz, transformando algo que era insignificante, fraco e desanimado, em algo perspicaz e bom. Não se esqueça do que lhe falei para usar no que ainda tem por dizer.

BERGANZA – Assim o farei, se puder e me der ocasião a grande tentação que tenho de falar, ainda que ache muito difícil controlar a pata.

CIPIÃO – Controla a língua, porque nela estão os maiores estragos da vida humana.

BERGANZA – Digo, então, que meu dono me ensinou a carregar uma cesta na boca e a protegê-la de quem quisesse tirá-la de mim. Também me ensinou onde estava a casa de sua amante e, com isso, a criada dela não precisava mais ir ao *Matadero*, porque eu levava durante a madrugada, o que ele tinha roubado à noite. Um dia, ao amanhecer, ia diligente levando a porção quando escutei que chamavam pelo meu nome de uma janela. Ergui os olhos e vi uma moça extremamente bonita, detive-me um pouco e ela desceu até a porta da rua e voltou a me chamar. Aproximei-me dela, para ver o que queria, e não foi outra coisa senão tirar-me o que eu levava na cesta e colocar no seu lugar um calçado velho de sola de madeira. Disse a mim mesmo: "a carne foi para a carne". Assim que pegou a carne, a moça me disse: "Anda, Gavião, ou como quer que você se chame, e diga a Nicolás, o torpe, seu amo, que não confie nos animais". Bem poderia ter pego o que ela me tirou, mas não quis, para não colocar a minha boca açougueira e suja naquelas mãos brancas e limpas.

CIPIÃO – Você fez muito bem, porque é prerrogativa que sempre se tenha respeito à beleza.

BERGANZA – Assim o fiz e assim voltei para o meu amo sem a carne e com o calçado velho. Ele achou que eu voltei rápido, viu o sapato, imaginou a burla, pegou uma faca e deu-me uma punhalada que se eu não tivesse desviado, você nunca ouviria o que estou lhe contando, nem as outras muitas coisas que penso contar. Com os pés em polvorosa, pondo-me a caminho, por trás de São Bernardo, fui por aqueles campos de Deus para que a sorte me levasse para onde ela quisesse.

Aquela noite dormi ao relento e o dia fez com que eu me deparasse com uma manada, ou com um rebanho, de carneiros e ovelhas. Assim que os vi, achei que tinha encontrado neles o meu descanso, acreditando que era próprio e natural ofício dos cachorros cuidar do rebanho, obra de grande virtude, como o amparar e defender os humildes e de poucas posses dos poderosos e soberbos. Quando um dos três pastores que cuidavam do rebanho me viu, me chamou dizendo "totó" e eu, que não desejava outra coisa, aproximei-me dele com a cabeça baixa e balançando o rabo. Passou a mão pelas minhas costas, abriu a minha boca, cuspiu nela, olhou os meus dentes, identificou a minha idade e disse aos outros pastores que eu tinha todos os sinais de ser um cachorro de raça. Neste instante, chegou o dono do rebanho, montado à gineta, com lança e adaga, em uma égua parda, mais parecia um explorador da costa que um senhor de rebanho. Perguntou para o pastor: "Que cachorro é este que parece ser bom?" "O senhor pode acreditar – respondeu o pastor – que eu o examinei bem e todos os sinais demonstram que é um grande cachorro. Ele chegou aqui agora, mas não sei de onde vem, mas sei que não é de nenhum dos rebanhos da redondeza". "Se isso é assim – respondeu o senhor – coloque logo nele o colar do Leãozinho, o cachorro que morreu, dê-lhe a mesma comida que aos demais e acaricia-lhe para que se acostume com o rebanho e fique com ele". Dizendo isso, foi embora e o pastor colocou no meu pescoço um colar com pontas de ferro. Antes disso, deu-me, em uma gamela, grande quantidade de pão ensopado no leite. E me chamou de Barcino.

Vi-me saciado e contente com meu segundo dono e com o meu novo ofício, mostrei-me solícito e diligente no cuidado do rebanho, sem me afastar dele a não ser nos períodos de descanso, que ia passar ou na sombra de alguma árvore, de algum monte, de alguma mata ou à margem de algum dos muitos rios que por ali corriam. Não passava estas horas de sossego ociosamente, porque nelas ocupava a memória lembrando-me de muitas coisas, especialmente da vida que tinha levado no *Matadero* e na que tinha o meu dono e todos os que, como ele, estavam sujeitos às impertinentes vontades de suas amantes.

Ó! Quantas coisas poderia lhe contar que aprendi com aquela carniceira dama do meu dono! Eu as calarei, para que você não me considere prolixo e murmurador.

CIPIÃO – Porque escutei que um grande poeta dos antigos dizia que era difícil não escrever sátiras, consentirei que você murmure um pouco de luz, e não de sangue, quero dizer, que aponte, e não fira, nem revele ninguém no que diz, porque o murmúrio não é bom, apesar de fazer muitos rirem. Se você consegue agradar sem ele, considerá-lo-ei muito discreto.

BERGANZA – Aceitarei o seu conselho e esperarei, com grande ansiedade, o momento em que você me conte as suas coisas, porque quem conhece e corrige tão bem os meus defeitos, deve saber contar os seus de maneira que ensinem e deleitem ao mesmo tempo.

Retomando o fio da história, conto que no silêncio e solidão dos meus descansos, pensava, entre outras coisas, que não poderia ser verdade o que tinha escutado falar da vida dos pastores, pelo menos daqueles que a senhora do meu dono lia em alguns livros e que eu ouvia quando ia à sua casa. Todos eles falavam de pastores e pastoras, dizendo que passavam a vida inteira cantando e tocando gaitas, zamponhas, rebecas, charamelas e outros instrumentos extraordinários. Escutava o que ela lia e era que o pastor Anfriso cantava extrema e divinamente, louvando a inigualável Belisarda. Não havia entre os montes da Arcádia árvore em cujo tronco não tivesse se sentado para cantar, desde que saía o sol nos braços da Aurora, até que se punha, nos de Tetis e, mesmo depois que a noite estendia suas negras asas sobre face da terra, ele não parava com suas bem cantadas e melhor choradas queixas. Não se esquecia do pastor Elício, mais apaixonado do que atrevido, de quem dizia que, sem cuidar de seus amores e do seu gado, entretinha-se nos cuidados alheios. Também dizia que o grande pastor de Fílida, único pintor de um retrato, era mais crédulo que afortunado. Sobre os desmaios de Sireno e o arrependimento de Diana, dizia que dava graças a Deus e à sábia Felícia, que com a sua água encantada desfez aquela máquina de enredos e esclareceu aquele labirinto de dificuldades. Lembrava-me de muitos outros livros deste gênero que tinha escutado, mas eles não são dignos de serem contados.

CIPIÃO – Lembre-se do meu aviso, Berganza: murmure, apresse-se e continue, que a sua intenção seja clara, ainda que a língua não o pareça.

BERGANZA – Neste caso, não se fala de ninguém sem a intenção de fazê-lo, mas se por descuido ou por malícia eu murmurar, responderei a quem me repreender o que respondeu Mauleão, poeta torpe e falso acadêmico da Academia dos Imitadores, a alguém que lhe perguntou o que queria dizer *Deum de Deo* e ele respondeu que "dê onde der".

CIPIÃO – Essa foi a resposta de um burro, mas você, se é discreto ou pretende sê-lo, nunca deve dizer alguma coisa pela qual tenha que pedir desculpas. Continue.

BERGANZA – Todos os pensamentos que lhe contei, e muitos outros, me fizeram ver como eram diferentes os modos e as atividades dos meus pastores – e de todos os demais daquele campo – dos que tinha ouvido dos pastores dos livros. Se os meus pastores cantavam, não eram músicas combinadas e bem compostas, mas um "*Cata el lobo dó va Juanica*" e outras coisas semelhantes. As canções não eram acompanhadas de charamelas, rebecas ou gaitas, mas pelo som que fazia um cajado batendo no outro ou algumas telhas colocadas entre os dedos. Não eram acompanhadas de vozes delicadas, sonoras e admiráveis, mas de vozes roucas que, sozinhas ou juntas, pareciam que não cantavam, mas que gritavam ou rosnavam. O resto do dia passavam tirando pulgas ou remendando suas alpargatas. Não havia entre eles os que se chamassem Amarílis, Fílidas, Galateias e Dianas, nem Lisardos, Lausos, Jacintos e Riselos. Todos eram Antônios, Domingos, Paulos e Lourenços. Por todas estas coisas, compreendi o que acho que todos devem acreditar: e é que aqueles livros são coisas imaginadas e bem escritas para a distração dos ociosos e, neles, não há nenhuma verdade, porque se houvesse, entre os meus pastores existiria algum resquício daquela felicíssima vida e daqueles amenos campos, grandes selvas, sagrados montes, bonitos jardins, claros rios e cristalinas fontes. Também daquelas tão honestas quanto bem declaradas adulações, do desmaio do pastor aqui, da pastora ali, do ressonar da zamponha acolá, da charamela aqui.

CIPIÃO – Chega, Berganza! Volte para a sua trilha e caminhe!

BERGANZA – Agradeço-lhe, Cipião, meu amigo, porque se você não me chamasse à atenção, do jeito que ia esquentando a minha língua, não pararia de falar até pintar-lhe um livro inteiro desses que me enganaram, mas chegará o tempo em que eu diga tudo com melhores argumentos e com melhor discurso do que agora.

CIPIÃO – Olhe para você mesmo e verá quem é, Berganza. Quero dizer que você é um animal que carece de razão e que se agora demonstra ter alguma, já averiguamos que isso é coisa sobrenatural e nunca vista.

BERGANZA – Isso seria assim se eu estivesse em minha ignorância, mas agora que me veio à memória o que eu deveria ter lhe dito no começo da nossa conversa, não só não me surpreendo com o que falo, mas me espanto pelo que deixo de falar.

CIPIÃO – Você não pode falar o que agora se lembra?

BERGANZA – É uma certa história que aconteceu comigo, com uma grande feiticeira, discípula da Camacha de Montilha.

CIPIÃO – Então me conte antes de continuar com a história da sua vida.

BERGANZA – Não farei isso até que chegue o momento certo: tenha paciência e escute as coisas que me aconteceram na sua ordem, porque assim lhe alegrarão mais, se já não lhe cansa querer saber o meio antes do princípio.

CIPIÃO – Seja breve, conte o que quiser e como quiser.

BERGANZA – Conto, então, que eu estava feliz com o ofício de cuidar de rebanho, porque achava que comia o pão do meu suor e trabalho. A ociosidade, raiz e mãe de todos os vícios, não tinha nada a ver comigo, porque, se de dia descansava, de noite, não dormia, com os lobos assaltando-nos e deixando-nos em alerta. Os pastores mal me diziam "o lobo, Barcino!", e eu chegava, antes de todos os outros cachorros, no lugar que eles mostravam que o lobo estava: corria pelos vales, examinava os montes, investigava as matas, saltava os barrancos, atravessava os caminhos e, pela manhã, voltava ao rebanho, sem ter encontrado o lobo nem o rastro dele, ofegante, cansado, feito pedaços e com os pés abertos pelas raízes. Quando chegava, encontrava no rebanho ou uma ovelha morta ou um carneiro degolado, meio comido pelo lobo. Ficava desesperado por ver que o meu cuidado e diligência serviam de muito pouco. Vinha o senhor do rebanho, os pastores iam recebê-lo com as peles do animal morto; ele culpava os pastores, por negligentes e mandava castigar os cachorros, por preguiçosos: choviam pauladas sobre nós e, sobre eles, repreensões. Assim, sendo um dia castigado sem culpa e vendo que o meu cuidado, ligeireza e braveza não eram suficientes para pegar o lobo, decidi mudar a estratégia, não me desviando para ir procurá-lo longe do rebanho, como de costume, mas ficando junto dele já que o lobo iria até lá e, então, seria presa mais fácil.

Todas as semanas nos alertavam de alguma coisa e em uma noite escuríssima, tive ocasião de ver os lobos, dos quais o rebanho não podia se proteger. Agachei-me atrás de um arbusto, passaram os cachorros, meus companheiros, na frente. Do lugar onde estava observei e vi que dois pastores pegaram um dos melhores carneiros do rebanho e mataram-no de um jeito que, na manhã seguinte, parecia que seu assassino tinha sido um lobo. Fiquei pasmo quando vi que os pastores eram os lobos e que matavam o rebanho os mesmos que deveriam cuidá-lo. Como sempre, contaram para o senhor do ataque, entregaram-lhe o pelego e um pedaço da carne e comeram a melhor e maior parte dela. O senhor brigou com eles e também voltou a castigar os cachorros. Não havia lobos, o rebanho minguava, eu queria revelar o que sabia, mas estava como um mudo. Toda aquela situação me deixava surpreso e aflito. "Valha-me Deus! – dizia para mim – quem poderá solucionar esta maldade? Quem terá o poder para demonstrar que a defesa ofende, que os sentinelas dormem, que a confiança rouba e que quem cuida mata?"

CIPIÃO – Suas considerações são acertadas, Berganza, porque não existe maior ladrão nem mais perspicaz do que o doméstico e, assim, morrem muito mais os que confiam do que os receosos. A questão é que é impossível viver no mundo sem fiar e confiar. Mas paremos por aqui, não quero que pareçamos predicantes. Siga adiante.

BERGANZA – Continuo e digo que decidi abandonar aquele ofício, ainda que parecesse tão bom, e escolher outro que, por fazê-lo bem, ainda que não fosse remunerado, pelo menos não fosse castigado. Voltei para Sevilha e comecei a servir um comerciante muito rico.

CIPIÃO – Como você fazia para ser admitido por um dono? Porque, segundo o que se diz, hoje em dia um homem de bem tem muitas dificuldades para encontrar um senhor a quem servir. Os senhores da terra são muito diferentes do Senhor do céu: aqueles, para receber um criado, primeiro examinam a sua linhagem, verificam a sua habilidade, observam a sua postura e ainda querem saber das suas roupas, mas para entrar no serviço de Deus, o mais pobre é o mais rico; o mais humilde, o de melhor linhagem; e apenas se dispondo de coração puro a servi-Lo, manda registrá-lo em seu livro de contabilidade, marcando-o como o preferido que, por muitas e grandes coisas, mal cabe em si de alegria.

BERGANZA – Tudo isto é predicar, Cipião, meu amigo.

CIPIÃO – Também acho e, então, me calo.

BERGANZA – Sobre o que você me perguntou de como encontrava um dono, digo o que já sabe, que a humildade é a base e fundamento de todas as virtudes e, sem ela, não há virtude que exista. Ela pacifica inconvenientes, vence dificuldades e é o meio que sempre nos conduz a gloriosos fins. Faz de inimigos, amigos; modera a cólera dos irados e diminui a arrogância dos soberbos. É mãe da modéstia e irmã da moderação; enfim, por ela não triunfam os vícios, porque em sua brandura e mansidão, perdem forças as flechas do pecado.

Da humildade me utilizava quando queria servir em uma casa, tendo antes ponderado e observado bem se era uma casa em que pudesse entrar e em que pudesse ser mantido um cachorro grande. Depois, me aproximava da porta e, quando achava que entrava algum forasteiro, latia. Quando via o senhor baixava a cabeça e, mexendo o rabo, ia até ele e lhe limpava os sapatos com a língua. Se me davam pauladas, aguentava, e com a mesma mansidão voltava a fazer agrados ao que me batia, e nenhum deles voltava a fazê-lo, vendo minha disposição e o meu nobre objetivo. Assim, com duas tentativas, ficava na casa, servia bem e logo gostavam de mim. Ninguém me despediu, era eu quem me despedia, ou melhor dizendo, que ia. Teria ficado na casa de um destes meus donos até hoje, se a sorte contrária não tivesse me perseguido.

CIPIÃO – Eu encontrava os meus donos do mesmo jeito. Parece que lemos os nossos pensamentos.

BERGANZA – Se não me engano, nos encontramos por causa destas coisas e eu as contarei no seu tempo, como prometi. Agora escute o que me aconteceu depois que eu abandonei o rebanho no poder daqueles perdidos.

Como lhe disse, voltei para Sevilha, amparo dos pobres e refúgio dos excluídos, porque em sua grandeza não cabem apenas os pequenos, mas também os grandes podem ser vistos. Aproximei-me da grande porta da casa de um comerciante, fiz o que costumava fazer e lá fiquei. Recolheram-me para que eu ficasse preso atrás da porta durante o dia e solto, à noite. Servia com cuidado e diligência, latia para os forasteiros e rosnava para os que não eram muito conhecidos. Não dormia de noite, visitando os currais, subindo nos terraços, como sentinela universal da minha casa e das casas alheias. O meu dono ficou tão feliz com o meu bom serviço que mandou que me tratassem bem e que me dessem pão e os ossos que sobrassem de sua mesa junto com as sobras da cozinha. Mostrava-me tão agradecido, dando muitos saltos quando via o meu dono, especialmente quando vinha de fora. Eram tantas as demonstrações de alegria que ele mandou que me soltassem e que me deixassem andar solto de dia e de noite. Assim que me soltaram, corri até ele, dei voltas, sem ousar me aproximar com as patas, lembrando-me da fábula de Esopo quando o asno, tão burro que quis fazer em seu senhor os mesmos carinhos que lhe fazia uma delicada cachorrinha que tinha, recebeu umas boas pauladas. Parece-me

O Colóquio dos Cachorros

que esta fábula nos dá a entender que os modos de alguns não são bem recebidos por outros.

Graceje o bufão, rodopie o saltimbanco, zurre o pícaro, imite o canto dos pássaros e os diversos gestos e ações dos animais o homem mais baixo que se houver dado a isso, mas não o queira fazer o homem honrado, a quem nenhuma habilidade dessas pode dar crédito ou honra.

CIPIÃO – Pare e siga adiante, Berganza, porque já entendi.

BERGANZA – Quem dera me entendessem como você aqueles de quem falo: não sei o que tenho de boa natureza, que lamento infinitamente quando vejo um cavalheiro fazendo piadas grosseiras, vangloriando-se porque sabe jogar os dados e que não há ninguém que dance a *chacona* como ele! Conheço um cavalheiro que se gabava de, a pedido de um sacristão, ter cortado trinta e duas flores de papel para colocar em uma colagem sobre panos negros e desses recortes fez tanto alarde que levava seus amigos para vê-los como se os levasse para ver bandeiras e despojos de inimigos que estavam colocados sobre a sepultura de seus pais e avós.

Este comerciante de quem lhe falei tinha dois filhos, um de doze e outro de quase quatorze anos, que estudavam gramática na Companhia de Jesus. Iam acompanhados pelo preceptor e pelos criados, que carregavam os seus livros e aquilo que chamam de *vade-mécum*. Vê-los indo com tanta pompa, em liteiras, se fazia sol, e em carruagens, se chovia, me fez observar e pensar na simplicidade com que o pai deles ia até a *Lonja* negociar, porque ia apenas com um criado negro e algumas vezes com um potrinho nem bem criado.

CIPIÃO – Você deve saber, Berganza, que é costume dos comerciantes de Sevilha, e também dos de outras cidades, mostrar a sua autoridade e riqueza, não em suas pessoas, mas em seus filhos, porque os comerciantes são maiores em suas sombras que em si mesmos. Como eles raramente fazem outra coisa além de seus tratos e contratos, relacionam-se modestamente. Como a ambição e a riqueza têm um grande desejo de se manifestar, irrompem em seus filhos, e os tratam como se fossem filhos de algum príncipe. Há alguns que lhes procuram títulos para colocar em seu peito a marca que distingue o nobre do plebeu.

BERGANZA – É uma ambição, mas uma ambição nobre, a do que pretende melhorar sua condição sem prejudicar a de um terceiro.

CIPIÃO – Poucas ou nenhuma vez se alcança o que se ambiciona sem causar dano a um terceiro.

BERGANZA – Já dissemos que não devemos murmurar.

CIPIÃO – Sim, eu não murmuro contra ninguém.

BERGANZA – Acabo de confirmar como verdade o que muitas vezes escutei dizer. Termina um maldizente murmurador de insultar dez linhagens e de caluniar vinte bons e, se alguém o repreende pelo que disse, responde que ele não disse nada, e que se disse, não disse por mal, e que se pensasse que alguém ia se ofender, não o teria dito. Verdadeiramente, Cipião, muito deve saber e muito na linha deve andar o que quiser sustentar duas horas de conversa sem tocar os limites da murmuração. Eu vejo em mim que, mesmo sendo animal, como sou, entre quatro argumentos que digo, aparecem-me palavras na língua como mosquitos no vinho, e todas elas maliciosas e murmurantes, por isso, volto a dizer o que eu disse: fazer e dizer o mal foram coisas que herdamos dos nossos ancestrais e mamamos no leite. Vê-se claramente que, mal a criança abandona as fraldas, levanta a mão dando mostras de querer se vingar de quem, a seu parecer, lhe ofende e quase a primeira palavra articulada que fala é chamar de puta a sua ama ou a sua mãe.

CIPIÃO – Isto é verdade. Confesso meu erro e peço que você o perdoe, pois lhe perdoei uns tantos. Deixemos para lá, como dizem os jovens, e não murmuremos daqui para frente. Continua com a sua história, que você parou na pompa com que os filhos do comerciante, seu dono, iam até a Companhia de Jesus.

BERGANZA – A Ele me encomendo em tudo o que eu diga e, ainda que seja difícil para mim, deixar de murmurar, penso utilizar uma estratégia que escutei que usava um grande juiz, que, arrependido de seu mau costume, cada vez que caía em falta depois de seu arrependimento, dava-se um beliscão no braço ou beijava a terra, em forma de penitência. Assim, também eu, cada vez que for contra o preceito que você me deu de não murmurar e a minha intenção de não fazê-lo, vou morder a ponta da minha língua de modo que sinta dor e me lembre da minha culpa para não voltar a ela.

CIPIÃO – Esta estratégia é tal que, se a usa, morderá tantas vezes a língua que ficará sem ela e, assim, impossibilitado de murmurar.

BERGANZA – Pelo menos eu farei o que me for possível e que o céu se encarregue do que faltar.

Assim, um dia, os filhos do meu dono esqueceram um livro no pátio, onde eu estava. Como tinha sido ensinado a levar a cesta do açougueiro, meu primeiro amo, o mesmo fiz com o *vade-mécum*. Fui atrás deles com a intenção de não soltá-lo até chegar. Tudo aconteceu como eu desejava: meus donos, assim que me viram chegar com o *vade-mécum* na boca, segurado com cuidado pela fita, mandaram que um criado o pegasse, mas eu não deixei, nem o soltei até que entrei na sala com ele, o que causou muita graça a todos os estudantes. Aproximei-me do meu dono mais velho e, a meu parecer, com muito cuidado coloquei o *vade-mécum* em suas mãos. Fiquei sentado de cócoras na porta da sala, olhando de tempos em tempos para o professor que dava aula. Não sei o que tem a virtude, por chegar a mim tão pouco ou nada dela, mas logo tive gosto em ver o amor, o modo, a solicitude e a habilidade com que aqueles benditos padres e professores ensinavam os meninos, endireitando as ternas varas de sua juventude, para que não torcessem nem tomassem caminho contrário ao da virtude, que lhe mostravam junto com as letras. Considerava como chamavam a atenção suavemente, como castigavam com misericórdia, como animavam com exemplos, como incitavam com prêmios, como ajudavam com prudência e, finalmente, como pintavam a feiura e o horror dos vícios e desenhavam a beleza das virtudes, para que, desgostosos deles e amantes delas, alcançassem o fim para o qual foram criados.

CIPIÃO – Você diz muito bem, Berganza; porque eu escutei dizer dessas benditas pessoas que para mestres do mundo não os há mais prudentes e para guias do caminho do céu, poucos os alcançam. São espelhos em que se vê a honestidade, a doutrina católica, a singular prudência e a profunda humildade, base sobre a qual se levanta todo o edifício da bem-aventurança.

BERGANZA – Tudo é assim como você diz.

E, continuando com a minha história, conto que meus donos gostaram que eu sempre lhes levasse o *vade-mécum*, o que fiz com muito boa vontade. Assim, tinha uma vida de rei, e ainda melhor, porque era tranquila, porque os estudantes começaram a brincar comigo. Domestiquei-me com eles de tal maneira, que colocavam a mão dentro da minha boca e os menores montavam em mim. Eles jogavam os chapéus e os bonés e eu os devolvia limpos e demonstrando grande alegria. Começaram a dar-me de comer tudo o que eles podiam. Gostavam de ver que, quando me davam nozes ou avelãs, eu as comia como os macacos: deixando as cascas e comendo a parte macia. Houve um que, para provar a minha habilidade, me trouxe, grande quantidade de salada dentro de um lenço, que comi como se fosse uma pessoa. Era inverno, quando abundam em Sevilha os biscoitos e amanteigados, era tão bem servido, que mais de duas gramáticas foram empenhadas ou vendidas para que eu tivesse almoço. Eu vivia uma vida de estudante sem fome e sem sarna, que é o que se pode querer para dizer que a vida é boa. Se a sarna e a fome não fossem tão unidas aos estudantes, não haveria melhor vida do que essa, porque andam lado a lado a virtude e a alegria e se passa a juventude aprendendo e brincando.

 Desta glória e desta calmaria veio me tirar uma senhora que chamam por aí de razão de estado. Quando se cumpre com ela, se descumprem muitas outras razões. O caso é que aqueles professores acharam que os estudantes ocupavam a meia hora livre entre as lições brincando comigo e não repassando os conteúdos. Assim, ordenaram a meus donos que não me levassem mais. Eles obedeceram, devolveram-me para a casa e para a antiga vigilância da porta. O meu velho dono não se lembrou do favor que tinha me feito de me deixar solto de dia e de noite e, então, voltei a entregar o pescoço à corrente e o corpo a um tapete que puseram atrás da porta.

Ah, amigo Cipião! Se você soubesse como é difícil passar de um estado feliz para um infeliz! Quando as misérias e infortúnios são grandes e contínuos, ou acabam logo, com a morte, ou a repetição deles cria um hábito e se acostuma a padecê-los. Mas quando se goza de uma má e calamitosa sorte e, sem pensar e repentinamente, começa-se a gozar de uma sorte próspera, venturosa e alegre e de ali a pouco se volta a sofrer a primeira sorte e os primeiros infortúnios, é uma dor tão grande que se não acaba com a vida é para atormentá-la mais vivendo.

Digo, enfim, que voltei à minha ração canina e aos ossos que me jogava uma negra da casa. Roubavam-me dois gatos, que estavam soltos e eram ligeiros. Era muito fácil para eles tirar-me o que não caía debaixo do espaço que alcançava a minha corrente.

Cipião, meu irmão, que o céu lhe conceda o bem que deseja, se você não ficar bravo e me deixar filosofar um pouco agora, porque se eu deixasse de dizer o que neste instante veio à minha memória, daquelas coisas que me aconteceram naquela época, acho que minha história não teria utilidade alguma.

CIPIÃO – Fique atento, Berganza, para que essa vontade de filosofar que lhe deu não seja tentação do demônio. A murmuração não tem melhor véu para dissimular e encobrir sua maldade dissoluta do que pensar o murmurador que tudo o que diz são sentenças de filósofos, que o falar mal é repreensão e revelar os defeitos alheios é bom cuidado. Se observa e analisa bem, não há vida de nenhum murmurador na qual você não encontre vícios e insolências. Sabendo disso, filosofe agora o quanto quiser.

BERGANZA – Você pode estar certo, Cipião, de que não murmurarei mais, porque a isso me propus.

O caso é que, como estava o dia inteiro ocioso e a ociosidade é a mãe dos pensamentos, comecei a repassar na memória alguns latins que ficaram nela dos muitos que ouvi quando acompanhei os meus donos. Com eles, achei que meu entendimento melhorou e, decidi, como se soubesse falar, aproveitar-me deles nas ocasiões que aparecessem, mas de maneira diferente da que costumam aproveitar alguns ignorantes.

Existem alguns romancistas que lançam nos diálogos, de quando em quando, algum latim breve e pomposo, dando a entender aos que não o entendem que são grandes latinistas e, na verdade, mal sabem declinar um substantivo e conjugar um verbo.

CIPIÃO – Acho que estes causam menor dano do que os que sabem latim de verdade. Alguns são tão imprudentes que, falando com um sapateiro ou com um alfaiate, lançam latins como água.

BERGANZA – Disso podemos inferir que tanto peca o que fala latim diante de quem o ignora, quanto o que o diz ignorando-o.

CIPIÃO – E você pode notar outra coisa, há alguns que apesar de serem latinistas, continuam sendo burros.

BERGANZA – Quem dúvida disso? É muito claro: no tempo dos romanos, quando todos falavam latim, como língua materna, deveria existir algum burro entre eles, que não deixaria de sê-lo porque falava latim.

CIPIÃO – Para saber calar em língua romance e falar em latim é preciso muita discrição, irmão Berganza.

BERGANZA – Isto mesmo, porque é possível dizer uma sandice em latim e em romance. Já vi letrados tontos, gramáticos chatos e romancistas envaretados com suas listas de latim, que facilmente podem aborrecer o mundo, não uma, mas muitas vezes.

CIPIÃO – Deixemos isso e comece a dizer as suas filosofias.

BERGANZA – Já disse: foram essas que acabo de dizer.

CIPIÃO – Quais?

BERGANZA – Essas dos latins e dos romances que eu comecei e você acabou.

CIPIÃO – Você chama o filosofar de murmurar? Que coisa! Afaste, Berganza, a maldita praga da murmuração e chame-a como quiser, que ela nos chamará de cínicos, que quer dizer cachorros murmuradores. Por sua vida, cale-se e continue com a história.

BERGANZA – Como posso prosseguir se tenho que me calar?

CIPIÃO – Quero dizer que siga com a sua história direto, sem fazer com que ela se pareça a um polvo, conforme você vai adicionando-lhe caudas.

BERGANZA – Fale com propriedade, porque não se chamam caudas as pernas do polvo.

CIPIÃO – Este erro cometeu o que disse que não era torpeza nem vício nomear as coisas pelos seus próprios nomes, como se não fosse melhor, já que é necessário nomeá-las, dizê-las com eufemismos e rodeios que amenizem a asquerosidade que causa ouvi-las. As palavras honestas dão indício da honestidade de quem as pronuncia ou as escreve.

BERGANZA – Quero acreditar em você. Digo que, a minha sorte não contente de ter me tirado dos meus estudos e da vida que levava, tão feliz e completa, e ter-me colocado preso atrás de uma porta, de ter trocado a liberdade dos estudantes pela mesquinharia da negra, decidiu sobressaltar-me no que eu já tinha por quietude e descanso.

Olhe Cipião, dê por certo e entendido, como eu, que as desventuras procuram e acham o infeliz, ainda que ele se esconda no último canto da terra.

Digo isso porque a negra estava apaixonada por um negro, também escravo da casa. Ele dormia na entrada, entre a porta da rua e a do meio, atrás da que eu estava. Só podiam ficar juntos de noite e, para isso, tinham roubado ou feito uma cópia das chaves. Assim, quase todas as noites, a negra descia e, tapando a minha boca com algum pedaço de carne ou de queijo, abria a porta para o negro, com quem se divertia, ajudada pelo meu silêncio e à custa das muitas coisas que roubava. As dádivas da negra estragaram a minha consciência durante alguns dias, parecendo que sem elas diminuiria meu estômago e passaria de um mastim a um galgo. Mas, guiado pela minha bondade natural, quis corresponder ao que devia ao meu dono, pois comia o seu pão, como devem fazer não só os cachorros honrados, a quem chamam de agradecidos, mas todos aqueles que servem.

CIPIÃO – Isto sim, Berganza, quero que passe por filosofia, porque são considerações que consistem na boa verdade e no bom entendimento. Continue e não dê corda, para não dizer cauda, à sua história.

BERGANZA – Antes quero lhe pedir que me diga, se é que você sabe, o que quer dizer *filosofia* porque, ainda que eu fale dela, não sei o que é. Só entendo que é coisa boa.

CIPIÃO – Vou lhe explicar resumidamente. Este substantivo está composto por dois substantivos gregos, que são *filos* e *sofia*. *Filos* significa amor e *sofia*, ciência. Assim, *filosofia* significa "amor à ciência" e *filósofo,* "o que ama a ciência".

BERGANZA – Você sabe muito, Cipião. Quem tem ensinou os substantivos gregos?

CIPIÃO – De verdade, Berganza, você é muito tonto, pois se importa com isso. Estas são coisas que sabem as crianças que vão para a escola. Há os que digam que conhecem a língua grega sem conhecê-la, como também a latina, ignorando-a.

BERGANZA – Isto é o que eu digo. Queria que colocassem a estes em uma prensa e, com a força das voltas, lhes tirassem o suco do que sabem, para que não andassem enganando o mundo com o falso brilho de suas roupas estragadas e seus latins falsos, como fazem os portugueses com os negros da Guiné.

CIPIÃO – Agora sim, Berganza, pode morder a sua língua e eu vou cortar a minha em pedaços. Porque tudo o que dissemos foi murmurar.

BERGANZA – Eu não sou obrigado a fazer o que ouvi dizer que fez um tal de Corondas, de Tiro, que decretou como lei que ninguém entrasse com armas na prefeitura da sua cidade, sob pena de morte. Distraiu-se e um dia entrou com a sua espada cingida. Advertiram-lhe e, lembrando-se da pena que ele mesmo havia imposto, no mesmo momento, desembainhou a espada e a transpassou pelo peito. Foi o primeiro que colocou, quebrou a lei e pagou a pena. O que eu fiz não foi impor uma lei, mas prometer que morderia a minha língua quando murmurasse. Agora as coisas não seguem mais o rigor de antigamente: hoje se faz uma lei e amanhã se rompe com ela e, talvez, seja conveniente ser assim. Hoje, alguém promete livrar-se dos seus vícios e, rapidamente, cai em outros maiores. Uma coisa é admirar a disciplina e outra é segui-la e, com efeito, do dizer ao fazer há um bom percorrer. Que o diabo se morda, porque eu não quero me morder nem fazer finezas atrás de um tapete, onde não sou visto por ninguém que possa admirar minha honrada determinação.

CIPIÃO – Pelo que você diz, Berganza, se você fosse uma pessoa, seria um hipócrita. Todas as suas obras seriam aparentes, fingidas e falsas, cobertas pela capa da virtude somente para que se admirassem, como fazem todos os hipócritas.

BERGANZA – Não sei o que faria, mas sei o que quero fazer agora e não é me morder, tendo tantas coisas ainda para dizer que não sei como nem quando poderei acabar e, ainda, estando temeroso de que ao sair o sol fiquemos às escuras, faltando-nos a fala.

CIPIÃO – O céu fará o melhor. Siga com a sua história e não desvie o caminho com digressões impertinentes e, assim, acabará logo, mesmo que seja longa.

BERGANZA – Digo, então, que tendo visto a insolência, o roubo e a desonestidade dos negros, decidi, como bom criado, importuná-los com os melhores meios que tivesse e, consegui, cumprindo meu objetivo. Como você já ouviu, a negra descia para alegrar-se com o negro, acreditando que me emudeciam os pedaços de carne, pão ou queijo que me jogava.

As dádivas podem muito, Cipião!

CIPIÃO – Muito. Não se distraia, continue.

BERGANZA – Quando estudava, lembro-me de ter ouvido do professor um refrão latino, que eles chamam adágio, que dizia: *Habetbovem in lengua*.

CIPIÃO – Ó, em que péssima hora você coloca o seu latim! Você se esqueceu tão rápido do que dissemos há pouco daqueles que colocam latins nas conversas em romance?

BERGANZA – Este latim é colocado aqui como exemplo, porque você deve saber que os atenienses usavam, entre outras coisas, uma moeda cunhada com a figura de um boi. Quando um juiz deixava de fazer ou dizer o que era razão e justiça, porque estava subornado, diziam: "Este tem o boi na língua".

CIPIÃO – Falta a correspondência.

BERGANZA – Não está bem claro que as dádivas da negra me mantiveram muitos dias mudo, não querendo nem ousando latir para ela quando descia para se encontrar com o seu negro apaixonado? Então volto a dizer que as dádivas podem muito.

CIPIÃO – Já lhe respondi que sim. Se não fosse por não fazer agora uma longa digressão, provaria com mil exemplos o quanto podem as dádivas. Mas, quem sabe o diga, se o céu me conceder tempo, quando tiver ocasião e fala para contar-lhe a minha vida.

BERGANZA – Deus lhe dê o que você deseja. Escute.

Finalmente, minha boa intenção prevaleceu sob as más dádivas da negra a quem, descendo em uma noite muito escura até o seu passatempo costumeiro, lancei-me sem ladrar, para que não se alvoroçassem as demais pessoas da casa. Em um instante deixei toda a sua roupa rasgada e arranquei-lhe um pedaço da coxa, burla que foi suficiente para que ficasse mais de oito dias na cama, fingindo para os amos não sei que doença. Curou-se, voltou outra noite e eu voltei à briga com a minha cachorra. Sem mordê-la, arranhei todo o seu corpo, como se tivesse desfiado uma manta. Nossas batalhas eram sempre silenciosas, eu sempre saía vencedor e a negra machucada e descontente. A sua ira aparecia no meu pelo e na minha saúde: deixou de me dar ração e ossos e os meus, pouco a pouco, iam marcando as vértebras das costas. Ainda que tivessem tirado o meu alimento, não puderam tirar o meu latido. A negra, para acabar comigo de uma vez, me deu uma esponja frita com manteiga. Reconheci a maldade, vi que era pior que comer algodão, porque incha no estômago de quem a come e não sai de dentro dele sem levar consigo a sua vida. Parecendo-me ser impossível escapar das maldades de tão indignados inimigos, decidi fugir, afastando-lhes dos meus olhos.

O Colóquio dos Cachorros

Um dia, encontrei-me solto e, sem dizer adeus a ninguém da casa, fui para a rua. A menos de cem passos, a sorte me deparou com o delegado – de quem lhe falei no começo desta história –, que era grande amigo do meu dono Nicolás, o torpe. Mal me viu, reconheceu-me e chamou-me pelo nome. Também o reconheci e aproximei-me dele com as minhas cerimônias e carícias costumeiras. Pegou-me pelo pescoço e disse aos seus dois policiais: "Este é um cachorro doméstico, que foi de um grande amigo meu. Vamos levá-lo para casa". Os policiais se alegraram e disseram que se era doméstico, seria de proveito para todos. Quiseram me prender para levar-me e o meu novo dono disse que não era preciso, porque, como eu o conhecia, o seguiria.

Esqueci-me de lhe contar que a coleira com pontas de ferro que eu usava quando me desgarrei e ausentei do rebanho, foi-me tirada por um cigano em uma venda e, em Sevilha, andava sem ela, mas o delegado me colocou outra tachada com latão mourisco.

Considere agora, Cipião, esta roda variável da minha fortuna: ontem era estudante e hoje, polícia.

CIPIÃO – Assim caminha o mundo e não há motivo para você exagerar os vaivéns da fortuna, como se existisse muita diferença em ser criado de um açougueiro ou de um policial. Não suporto nem tenho paciência para ouvir as queixas que alguns homens fazem da sorte, quando a maior que tiveram foi ter esperanças de chegar a ser escudeiros. Com que raiva a maldizem! Com quantos impropérios a desonram! E nada mais para que pense o que o escute que de alta, próspera e boa ventura chegaram a desafortunada e baixa em que se encontram.

BERGANZA – Você tem razão. E você deve saber que este

delegado era amigo de um escrivão, com quem saía. Os dois estavam amancebados com duas mulherzinhas, não mais ou menos, mas de menos em tudo. A verdade é que tinham boas caras, mas muito dos modos e gestos eram de putas. Estas lhes serviam de rede e de anzol para pescar no seco, desta forma: vestiam-se de tal maneira que pela pinta descobriam a figura e rapidamente demonstravam ser damas de vida livre. Andavam sempre à caça de estrangeiros. Quando chegavam os vendedores a Cádiz e a Sevilha, seguiam os rastros de sua ganância, não ficando um estrangeiro livre de suas investidas. Fisgando um desses homens, avisavam ao delegado e ao escrivão aonde e a que pousada iam. Juntos davam-lhes assalto e os prendiam por amancebados, mas nunca os levavam para a cadeia, porque os estrangeiros sempre redimiam a sua vergonha com dinheiro.

Aconteceu que, a Colindres, que assim se chamava a amiga do delegado, pescou um estrangeiro. Combinou com ele o jantar e a noite em uma pousada, e contou para seu amigo. Mal tinham tirado as roupas quando o delegado, o escrivão, dois policiais e eu os surpreendemos. Alvoroçaram-se os amantes, o delegado exagerou o delito e mandou que vestissem as roupas rapidamente para levá-los à prisão. Afligiu-se o estrangeiro, intercedeu o escrivão movido pela compaixão e, pelas súplicas, reduziu a pena para apenas cem reais. O estrangeiro pediu uns foles de camurça que tinha colocado em uma cadeira aos pés da cama, onde estava o dinheiro para pagar a sua liberdade. Não apareceram os foles e nem poderiam aparecer, porque, assim que eu entrei no aposento, chegou até meu nariz um cheiro de toucinho que me inebriou. Descobri-o com o olfato e encontrei-o em uma algibeira dos foles. Conto que nela encontrei um pedaço de presunto e para aproveitá-lo e poder pegá-lo sem barulho, levei os foles para a rua e ali me entreguei ao presunto com toda a minha vontade. Quando voltei para o aposento, encontrei o estrangeiro gritando, dizendo em linguagem adúltera e bastarda, ainda que compreensível, que lhe devolvessem a sua calça, que nela ele tinha cinquenta *escuti d'oro in oro*. O escrivão imaginou que a Colindres ou que os policiais o tivessem roubado. O delegado pensou a mesma coisa. Chamou-os a um lugar à parte, ninguém confessou o delito e se enfureceram. Vendo tudo o que acontecia, voltei para a rua onde tinha deixado os foles, com a intenção devolvê-los, já que o dinheiro não me servia para nada. Não os encontrei, porque algum sortudo que passou por ali já os tinha levado. O delegado se desesperava ao ver que o estrangeiro não tinha dinheiro para pagar o suborno e pensou tirar da dona da pousada o que o estrangeiro não tinha. Chamou-a e ela veio seminua. Ao ouvir os gritos e queixas do estrangeiro, ver Colindres nua e chorando, o delegado em cólera, o escrivão enfurecido e os policiais pegando tudo o que encontravam no aposento, não gostou muito. O delegado mandou que se vestisse e que o acompanhasse até a prisão, porque recebia em sua casa homens e mulheres de má vida. Aquilo foi o cúmulo! Aí, sim, aumentaram os gritos e a confusão, porque a dona da pousada disse: "Senhor delegado e senhor escrivão, não tentem me enganar, porque entrevejo todo o plano; não comigo: calem a boca e vão com Deus, se não, juro que jogo esta sujeira pela janela e levo até a praça toda esta história. Bem conheço a senhora Colindres e sei que faz muitos meses que o seu cobertor é o senhor delegado e não façam com que eu continue. Devolvam o dinheiro a este senhor e saíamos todos satisfeitos, porque eu sou mulher honrada e tenho um marido com a sua carta executória e com *a perpenan rei de memoria*, com as suas chancelas de chumbo e cumpro com este ofício muito limpamente e sem dano a ninguém. Tenho o preço colocado em lugar que todo mundo o veja e não venham com histórias que, por Deus, sei me defender. Quem sou eu para que com minha ordem entrem mulheres com os hóspedes! Eles têm as chaves de seus aposentos e eu não sou lince para ver por trás de sete paredes!

Meus amos ficaram pasmos com o discurso da dona da pousada e de ver como conhecia a história deles. Como viram que não tinham de quem tirar dinheiro se não dela, insistiam em levá-la para a prisão. Ela se queixava aos céus pela injustiça que lhe faziam, estando seu marido ausente e sendo fidalgo tão honrado. O estrangeiro bramava pelos seus cinquenta *escuti*. Os policiais insistiam que eles não tinham visto os foles. O escrivão, à parte, insistia com o delegado que olhasse nas roupas da Colindres, porque suspeitava que ela estava com os cinquenta *escuti*, já que tinha o costume de visitar as roupas íntimas e os bolsos daqueles com quem se envolvia. Ela dizia que o estrangeiro estava bêbado e que deveria estar mentindo sobre o dinheiro. Resumidamente, tudo era confusão, gritos e juramentos, sem encontrar maneira com que se acalmassem. Nem se acalmariam se naquele momento não entrasse no aposento o tenente que, indo visitar aquela pousada, foi guiado pelos gritos até o lugar do acontecido. Perguntou o motivo daqueles gritos, a dona da pousada explicou com detalhes: contou quem era a ninfa Colindres, que já estava vestida; tornou pública a sua amizade com o delegado; falou de suas artimanhas e de seu modo de roubar; desculpou-se a si mesma dizendo que, com o seu consentimento, jamais tinha entrado em sua casa uma mulher de má suspeita. Canonizou-se como santa e a seu marido como beato. Gritou para que uma criada fosse correndo e trouxesse a carta executória do seu marido, que estava dentro de um cofre, para que o tenente a visse, dizendo-lhe que por ela poderia constatar que mulher de tão honrado marido não podia fazer nada de mal e que se tinha aquele ofício de dona de pousada, era por necessidade, que Deus sabia o quanto lhe pesava e antes quisera ela ter alguma renda e pão para cada dia, do que ter aquele ofício. O tenente, bravo por seu muito falar e se vangloriar com a executória, lhe disse: "Irmã hospedeira, eu acredito que seu marido tem carta de fidalguia com a qual você me confessa que é fidalgo hospedeiro". "E com muito orgulho" – respondeu a dona da pousada –. "Que linhagem há no mundo, por melhor que seja, que não tenha algum disse-me-disse?" "O que eu lhe digo, irmã, é que se cubra, porque você vai para a prisão". A notícia fez com que ela se jogasse no chão, arranhasse o seu rosto, desse gritos, mas, apesar de tudo isso, o tenente, muito severo, levou a todos para a prisão. A saber: o estrangeiro, a Colindres e a dona da pousada. Soube, depois, que o estrangeiro perdeu seus cinquenta *escuti* e mais dez, com os quais foi condenado; a dona da pousada pagou outro tanto e a Colindres saiu livre porta afora. No mesmo dia que a soltaram, pescou um marinheiro, que pagou pelo estrangeiro, com a mesma farsa. Veja, Cipião, quantos e tão grandes inconvenientes nasceram da minha gula.

CIPIÃO – Melhor dizendo, da astúcia do seu dono.

BERGANZA – Então escute que a história vai ainda mais longe, embora me custe falar mal de delegados e escrivães.

CIPIÃO – Falar mal de um não é falar mal de todos. É verdade que há muitos escrivães muito bons, fiéis, seguidores da lei, que a cumprem sem prejudicar a terceiros, nem todos se envolvem em disputas, nem avisam a justiça, nem todos tiram vantagem, nem todos vão inquerindo as vidas alheias para julgá-las, nem todos se aliam com o juiz para "faz-me a barba que eu lhe faço o bigode", nem todos os delegados têm amizades com os vagabundos e trapaceiros, nem têm as amigas de seu dono para os enganos. Há muitos que são fidalgos por natureza e de fidalgas condições, muitos não são imprudentes, insolentes, nem mal criados, nem sorrateiros, como os que andam pelas tabernas medindo as espadas dos estrangeiros e achando-as um pouco maiores do que o permitido. Nem todos soltam quando prendem e são juízes e advogados quando querem.

BERGANZA – Meu dono enganava ainda mais. Seu caminho era outro. Fazia-se de valente e prendia delinquentes famosos; sustentava a valentia sem perigo para a sua pessoa, mas às custas de seu bolso. Um dia, na Porta de Jerez, enfrentou sozinho seis famosos alcoviteiros. Eu não pude lhe ajudar em nada porque levava um freio de corda que me atava a boca (porque assim me deixava de dia e, à noite, o tirava). Fiquei surpreso de ver seu atrevimento, seu brio e sua valentia. Entrava e saía pelas seis espadas dos alcoviteiros como se fossem varetas de vime; era maravilhoso ver a rapidez com que acometia, as estocadas que dava, os golpes, o cálculo, o olho atento para que não lhe assaltassem pelas costas. Na minha opinião e na de todos os que viram a briga, estávamos diante de um novo Rodamonte, que levou seus inimigos da Porta de Jerez até os mármores do Colégio do Mestre Rodrigo, uma distância de mais de cem passos. Deixou-os presos e voltou para pegar os troféus da batalha, que eram três bainhas. Foi mostrá-las ao assistente, que, se não me engano, era o Licenciado Sarmiento de Valladares, famoso pela destruição de Sauceda. Olhavam para o meu dono por todas as ruas onde passava, apontando-o com o dedo, como se dissessem: "Aquele é o valente que se atreveu a enfrentar sozinho a nata dos bravos da Andaluzia". Passou o que restava do dia, dando voltas pela cidade para ser visto. A noite nos encontrou em Triana, em uma rua junto ao Moinho da Pólvora. Tendo meu dono espreitado (como se diz na jácara) se alguém lhe seguia, entrou em uma casa – e eu atrás dele – e encontramos em um pátio todos os alcoviteiros da briga, sem capas nem espadas, com as camisas desabotoadas. Um deles, que devia ser o anfitrião, tinha, em uma das mãos, uma grande jarra de vinho e, na outra, uma grande taça, cheia de generoso e espumante vinho, com a qual brindava a toda companhia. Viram meu dono, todos foram até ele com os braços abertos e todos comemoraram com ele. Ele reverenciou a todos e ainda teria reverenciado a outros tantos se ganhasse alguma coisa com aquilo.

Querer lhe contar sobre do que ali se tratou; do que jantaram; das brigas que contaram; dos furtos aos quais se referiram; das damas que pelo seu trato qualificaram e desqualificaram; dos elogios que fizeram uns aos outros; dos bravos ausentes que foram nomeados; da destreza que ali se enalteceu, levantando-se na metade do jantar para colocar em prática os golpes que lhes apareciam; dos vocábulos tão esquisitos que usavam e; do porte do anfitrião, a quem todos respeitavam como senhor e pai, seria entrar em um labirinto do qual não conseguiria sair quando eu quisesse.

Finalmente entendi com toda a clareza do mundo que o dono da casa, a quem chamavam de Monipódio, era um acobertador de ladrões e chefe de alcoviteiros e que a grande briga do meu dono tinha sido armada entre eles, com a garantia de que se retirassem e deixassem as bainhas, pelas quais logo pagou em dinheiro e também tudo quanto Monipódio disse que tinha custado o jantar, que terminou ao amanhecer, muito feliz para todos. E a sobremesa foi contar para o meu dono sobre um alcoviteiro forasteiro que, novo e flamante, tinha chegado à cidade. Devia ser mais valente do que eles e, por inveja, o delataram. Na noite seguinte, meu amo o prendeu, nu na cama, porque se estivesse vestido, vi pelo seu porte que não se deixaria prender tão facilmente. Com esta prisão, que aconteceu depois da briga, aumentou a fama do covarde, porque meu dono era mais covarde do que uma lebre, e com comidas e bebidas sustentava a fama de ser valente. Tudo o quanto conseguia com seu ofício e com suas artimanhas, desaguava pelo canal da valentia.

Tenha paciência e escute agora uma coisa que lhe aconteceu, sem tirar nem pôr uma vírgula. Dois ladrões roubaram um cavalo muito bom em Antequera. Levaram-no a Sevilha e para vendê-lo sem perigo de serem descobertos, utilizaram-se de um plano que me pareceu muito agudo e discreto. Foram dormir em pousadas diferentes. Um deles foi até a justiça e reclamou, por uma petição, que Pedro de Losada lhe devia quatrocentos reais emprestados, como demonstrava uma cédula assinada com o seu nome, que ele apresentava. O tenente mandou que o tal Losada reconhecesse a cédula e que, se a reconhecesse, lhe apreendessem bens do mesmo valor ou lhe levassem para a prisão. Coube ao meu dono e ao escrivão, seu amigo, fazer este trabalho. O ladrão os levou até a pousada do outro, que rapidamente reconheceu a sua assinatura e confessou a sua dívida, apresentando o cavalo como peça de execução. Quando meu dono o viu, cresceu-lhe os olhos, e o quis por seu, caso o vendessem. O ladrão deu por cumpridos os termos da lei, o cavalo foi posto à venda e arrematado por quinhentos reais por um terceiro de quem meu dono valeu-se para que lhe comprasse o cavalo. Ele valia mais outro tanto e meio do que pagaram por ele, mas como a alegria do vendedor estava na rapidez da venda, na primeira oferta arrematou a sua mercadoria. Um dos ladrões cobrou a dívida que não lhe deviam, o outro, a carta de pagamento que não era necessária e o meu dono ficou com o cavalo, que para ele foi pior do que Seyano foi para os seus donos. Os ladrões logo foram embora e, dali a dois dias, depois de ter reposto as guarnições e as outras faltas do cavalo, meu dono apareceu sobre ele na Praça de São Francisco, mais convencido e pomposo do que o aldeão vestido de festa. Felicitaram-no pela boa compra, dizendo-lhe que o cavalo valia cento e cinquenta ducados. Ele, rodopiando com o cavalo, representava a sua tragédia no teatro da referida praça. Estando ali dando seus rodeios, chegaram dois homens de bom porte e bem vestidos. Um deles disse: "Deus vive! Que este é Pé-de-ferro, meu cavalo, que há poucos dias foi roubado em Antequera!". Todos os que estavam com ele, que eram quatro criados, disseram que era verdade, que aquele era Pé-de-ferro, o cavalo que tinham roubado. O meu dono ficou pasmo, queixou-se o dono do cavalo, apresentaram-se provas, e as que deu o dono do cavalo eram tão boas que a sentença saiu a seu favor e meu amo ficou sem o cavalo. Soube-se da burla e do engenho dos ladrões, que pelas mãos e intervenção da justiça venderam o que tinham roubado e quase todos se divertiram de que a cobiça do meu dono lhe tivesse rompido a bolsa.

E a sua desgraça não parou por ai. Naquela mesma noite, o assistente saiu para fazer a ronda, tendo recebido a notícia de que ladrões andavam no bairro de San Julián. Ao passar por uma encruzilhada viu um homem correndo e então, puxando-me pela coleira e incitando-me, disse o assistente: "Pega ladrão, Gavião! Eia, Gavião, pega ladrão, pega ladrão!". Eu, que já estava cansado das maldades do meu dono, para cumprir o que o assistente me mandava sem discordar em nada, arremeti contra meu próprio amo e sem que pudesse defender-se, o deixei caído no chão e se não me puxassem, eu deixaria vingados mais de quatro. Os policiais quiseram me castigar e me matar com pauladas e o teriam feito se o assistente não lhes tivesse dito: "Ninguém o toque, porque o cachorro fez o que eu mandei".

Ficou clara a malícia do meu dono e eu, sem despedir-me de ninguém, saí por um buraco da muralha até o campo e, antes de que amanhecesse, cheguei a Mairena, um lugar que está a quatro léguas de Sevilha. A minha sorte quis que ali encontrasse uma companhia de soldados que, segundo escutei falar, ia embarcar para Cartagena. Estavam nesta companhia quatro alcoviteiros amigos do meu antigo dono. O tamborileiro tinha sido policial e era grande fanfarrão, como costumam ser os tamborileiros. Todos me reconheceram, todos falaram comigo e me perguntaram sobre o meu amo, como se eu pudesse responder. O que me demonstrou mais afeição foi o tamborileiro e, assim, decidi acomodar-me com ele, se ele quisesse, e seguir aquela jornada, mesmo que me levasse para a Itália ou para Flandres, porque eu acho, e você também deve achar, que como diz o refrão: "quem é néscio em sua terra, néscio é em Castela", ir para outras terras e falar com diferentes pessoas faz os homens mais discretos.

O Colóquio dos Cachorros

CIPIÃO – Isto é tão verdade que me lembro de ter escutado de um dono muito inteligente que tive que o famoso grego chamado Ulisses, tinha recebido a fama de prudente somente por ter andando por muitas terras e falado com muitas pessoas. Assim, admiro a sua intenção de ir para onde o levassem.

BERGANZA – O caso é que o tamborileiro, para poder mostrar ainda mais suas fanfarrices, começou a me ensinar a dançar ao som do tambor e a fazer outras macaquices, tão distantes do poder aprendê-las outro cachorro que não fosse eu, como ouvi-las quando eu lhe contar.

Por acabar-se o distrito da comissão, marchava-se pouco a pouco; não havia comissário que nos controlasse; o capitão era jovem, mas muito cavalheiro e grande cristão; o alferes tinha deixado a corte e a cozinha há poucos meses; o sargento era astuto, sagaz e grande arreeiro de companhias, desde onde se recrutavam até o embarque. A companhia ia cheia de desertores, que faziam algumas insolências pelos lugares que passávamos, que redundavam em maldizer a quem não merecia. Infelicidade do bom príncipe é ser culpado pelo erro de seus súditos, porque uns são verdugos dos outros, sem culpa do senhor, pois, ainda que queira e procure, não consegue remediar estes danos, porque todas ou a maior parte das coisas da guerra trazem consigo a aspereza, o rigor e a inconveniência.

Em menos de quinze dias, com a minha inteligência e com a diligência daquele que eu tinha escolhido por dono, soube saltar como me ordenava. Ensinou-me a andar com duas patas como cavalo napolitano e a andar em círculos como mula de moinho, além de outras coisas que, se eu não me empenhasse em mostrá-las, colocaria em dúvida se era algum demônio na figura de um cachorro que as fazia. Colocou-me o nome de "cachorro sábio" e mal chegávamos ao alojamento, tocava o seu tambor e andava por todo o lugar gritando que as pessoas que quisessem ir ver as maravilhosas graças e habilidades do cachorro sábio poderiam vê-las em tal casa ou em tal hospital, a oito ou a quatro maravedis, dependendo se o povoado era grande ou pequeno. Com estas palavras não havia nenhuma pessoa do lugar que não fosse me ver e não havia ninguém que não saísse admirado e feliz por ter-me visto. Meu amo exultava com o imenso lucro e sustentava seis camaradas como se fossem reis. A cobiça e a inveja despertaram nos desertores a vontade de me roubar e andavam procurando ocasião para fazê-lo, porque isso de ganhar o sustento folgando tem muitos admiradores e invejosos. Por isso, existem tantos titereiros na Espanha, tantos que mostram retábulos, tantos que vendem alfinetes e coplas, pois todo o seu dinheiro, ainda que vendessem tudo, não seria suficiente para sustentá-los durante um dia, contudo, uns e outros não saem das bodegas e tavernas durante todo o ano, pelo que dou a entender que de outra parte que não do seu ofício sai o dinheiro para as suas bebedeiras. Todas estas pessoas são vagabundas, inúteis e sem proveito; esponjas do vinho e larvas do pão.

CIPIÃO – Chega Berganza, não voltemos ao passado: continue porque a noite vai passando e não queria que ficássemos na sombra do silêncio quando saísse o sol.

BERGANZA – Espere e escute.

Como é fácil aumentar o já inventado, vendo o meu dono como eu imitava bem o corcel napolitano, me fez umas mantas de couro e uma sela pequena, que acomodou nas minhas costas, e sobre ela colocou uma leve figura de um homem com uma pequena lança de pegar argolas. Ensinou-me a correr diretamente a uma argola que colocava entre dois paus. Anunciava que naquele dia o cachorro sábio pegava a argola e fazia outros tantos e nunca vistos galanteios, que eu fazia com capricho, como dizem, para que meu dono não passasse por mentiroso.

Chegamos, então, conforme o planejado, a Montilha, vila do famoso e bom cristão Marquês de Priego, senhor da casa de Aguilar e de Montilha. Alojaram o meu dono – porque ele assim o quis – em um hospital. Logo fez o anúncio costumeiro e, como a nossa fama tinha se adiantado, levando as novas das habilidades e graças do cachorro sábio, em menos de uma hora o pátio se encheu de gente. Meu dono ficou contente porque a coleta ia ser boa e mostrou-se naquele dia mais burlão do que nunca. O espetáculo começava com os saltos que eu dava pelo aro de uma peneira: incitava-me com perguntas costumeiras e quando ele baixava a varinha de marmelo que tinha na mão, era sinal que devia saltar; quando a mantinha levantada, era para eu ficar parado. O primeiro conjuro deste dia (memorável entre todos os outros da minha vida) foi dizer-me: "Eia, Gavião, amigo, salte por aquele velhaco que você sabe que pinta a barba. Se não quer, salte pela pompa e circunstância de dona Pimpinela de Patagônia, que era companheira da criada galega que servia em Valdeastillas. Você não gosta do conjuro, filho Gavião? Então salte pelo Bacharel Pasillas, que assina como licenciado sem nunca ter estudado. Você está preguiçoso! Por que não salta? Mas já entendo a sua intenção: salte pelo licor de Esquivias, tão famoso como o da Cidade Real, San Martín e Ribadavia". Baixou a varinha e eu pulei, notando sua malícia e sua má intenção.

Dirigiu-se logo aos que assistiam ao espetáculo e disse em

voz alta: "Não pensem os senhores, valioso senado, que é burla o que sabe este cachorro. Eu lhe ensinei vinte e quatro números e, pelo menor deles, voaria um gavião, quero dizer que, para ver o menor deles, pode-se caminhar trinta léguas. Sabe dançar a *zarabanda* e a *chacona* melhor que a sua própria inventora; bebe dois litros de vinho sem sobrar uma gota; entoa o *sol fá mi ré* tão bem como um sacristão; todas essas coisas e, as muitas outras que deixo de dizer, vocês irão vendo ao longo dos dias que a companhia ficar por aqui. E, por enquanto, que dê outro salto nosso sábio e depois entraremos no grosso". Com isso deixou o público, que tinha chamado de senado, surpreso e desejoso de não deixar de ver tudo o que eu sabia.

Meu dono se dirigiu a mim e me disse: "Volte, filho Gavião, com gentil agilidade e destreza, desfaça os saltos que fez, mas deve ser em honra da famosa feiticeira que dizem que vivia neste lugar". Mal tendo terminado o que dizia, a hospitaleira, que parecia ter mais de sessenta anos, levantou a voz dizendo: "Astuto, charlatão, enganador e filho da puta, aqui não há nenhuma feiticeira! Se você diz isso por causa da Camacha, ela já pagou pelo seu pecado, e está sabe Deus onde. Se você fala isso por mim, charlatão, não sou, nem nunca fui feiticeira na minha vida. Se recebi a fama de ter sido, foi por causa de testemunhos falsos, pela lei arbitrária e pelo imprudente e mal informado juiz. Todo mundo já conhece a vida que levo, em penitência, não pelos feitiços que não fiz, mas por muitos outros pecados que cometi. Então, tamborileiro fanfarrão, saía do hospital: se não, juro pela minha vida que, eu o farei sair mais do que depressa". E começou a dar tantos gritos e a dizer tantas e tão atropeladas injúrias para o meu dono que ele ficou confuso e sobressaltado. Finalmente, não deixou que a apresentação continuasse de modo algum. O alvoroço não incomodou o meu amo, porque ficou com o dinheiro e suspendeu para o outro dia e em outro hospital o que tinha faltado naquela apresentação. As pessoas saíram maldizendo a velha, chamando-a de feiticeira, bruxa e barbuda. Apesar de tudo isso, passamos aquela noite no hospital e, encontrando-me sozinho no pátio, a velha me disse: "É você, Montiel, meu filho?", "Por acaso, é você, filho?". Levantei a cabeça e olhei para ela devagar. Vendo isso, com lágrimas nos olhos, veio até a mim, abraçou-me pelo pescoço e, se deixasse, me beijaria a boca, mas tive nojo e não deixei.

CIPIÃO – Você fez bem, porque não é um presente, mas um tormento, o beijar ou deixar-se beijar por uma velha.

BERGANZA – Isto que vou lhe contar agora, deveria ter contado no começo da minha história e, assim, não nos surpreenderíamos de estar falando.

Você deve saber que a velha me disse: "Montiel, filho, venha atrás de mim e saberá qual é o meu quarto. Procure que nos encontremos a sós esta noite, deixarei aberta a minha porta, porque tenho muitas coisas para lhe contar da sua vida que lhe serão proveitosas". Abaixei a cabeça como sinal de obediência e, com isso, ela confirmou que eu era o cachorro Montiel que ela procurava, conforme me disse depois. Fiquei atônito e confuso, esperando que chegasse a noite, para ver onde ia parar aquele mistério, ou prodígio, de a velha ter falado comigo. Como tinha escutado que a chamavam de feiticeira, esperava ver e ouvir grandes coisas. Finalmente chegou a hora de me encontrar com a velha no quarto, que era escuro, estreito e baixo, iluminado apenas pela frágil luz de um candeeiro de barro que lá estava.

A velha o acendeu, sentou-se sobre uma caixa e aproximou-se de mim. Sem dizer nenhuma palavra, voltou a me abraçar e eu voltei a tomar cuidado para que não me beijasse. O primeiro que me disse foi:

"Bem confiava no céu, que antes que meus olhos se fechassem para o último sono, pudesse vê-lo, meu filho. Já que o vi, que venha a morte e me leve desta vida cansativa. Você deve saber, filho, que neste povoado viveu a feiticeira mais famosa que existiu no mundo, a quem chamavam de Camacha de Montilha. Foi tão única no seu ofício, que Erito, Circe, Medeia, de quem ouvi falar que as histórias estão cheias, não se igualam a ela. Congelava as nuvens quando queria, cobrindo com elas a face do sol; quando estava com vontade, deixava sereno o céu mais perturbado; trazia os homens que estavam em terras longínquas em um instante; remediava maravilhosamente as donzelas que tinham tido algum descuido em guardar a sua inteireza; encobria as viúvas de modo que com honestidade fossem desonestas; descasava as casadas e casava quem ela queria. Em dezembro, tinha rosas frescas no seu jardim e, em janeiro, ceifava o trigo. Isso de fazer brotar agrião em uma caixa era o mais simples que fazia, como o fazer ver em um espelho ou na unha de alguma pessoa, os vivos e os mortos que lhe pediam que mostrasse. Tinha fama de converter os homens em animais e dizem que tinha se servido de um sacristão, em forma de asno, por mais de seis anos. O que nunca consegui saber é como o fazia, porque o que se diz daquelas antigas magas, que convertiam os homens em animais, era que, com sua extrema beleza e com seus afagos, atraíam os homens de maneira que se apaixonassem por elas e os subjugavam de tal maneira, servindo-se deles em tudo o que queriam, que pareciam animais.

Mas em você, meu filho, a experiência demonstra o contrário: sei que você é uma pessoa racional e lhe vejo na forma de um cachorro; isso se faz com aquela ciência que chamam ilusão, que faz uma coisa parecer outra. O que mais me pesa é que nem eu, nem a sua mãe, que fomos discípulas da boa Camacha, nunca chegamos a saber tanto quanto ela. Não por falta de engenho, habilidade ou ânimo, que nos sobravam mais do que nos faltavam, mas pela sua malícia, que nunca quis nos ensinar as coisas maiores, que eram reservadas só para ela.

Sua mãe, meu filho, se chamava Montiela e era a mais famosa depois da Camacha. Eu me chamo Canhizares e, se não sou tão sábia como as duas, pelo menos tenho tão bons desejos como elas. A verdade é que a coragem que tinha a sua mãe de entrar em um cerco e se trancar dentro dele com uma legião de demônios, não era menor do que a da Camacha. Eu sempre fui mais medrosa, contentava-me em conjurar meia legião, mas, com a permissão de ambas, nisto de confeccionar unguentos com os que as bruxas se untam, nenhuma das duas me levava vantagem, nem levarão as que hoje seguem e guardam as nossas regras. Você deve saber, filho, que como eu vi e vejo que a vida, que corre sobre as ligeiras asas do tempo, se acaba, quis abandonar todos os vícios da feitiçaria, com os quais estava envolvida há muitos anos, e só fiquei com a curiosidade de ser bruxa, que este é um vício dificilíssimo de se abandonar. Sua mãe fez o mesmo: se afastou de muitos vícios, fez muitas boas obras nesta vida, mas morreu como bruxa. Não morreu por causa de alguma doença, mas de dor. Camacha, sua mestre, por inveja por vê-la crescer e saber tanto quanto ela (ou por alguma outra pendência de ciúme que nunca consegui averiguar), estando a sua mãe grávida e aproximando-se a hora do parto, foi a sua parteira e recebeu em suas mãos o que sua mãe pariu. Mostrou-lhe que havia parido dois cachorrinhos e assim que os viu, sua mãe disse: "Aqui tem maldade! Aqui tem feitiçaria!". "Mas, irmã Montiela, sou sua amiga. Encobrirei este parto, cuide-se para ficar bem e certifique-se de que esta sua desgraça fique sepultada no silêncio. Não sofra por este acontecimento, que você já sabe que eu posso saber que, além de Rodriguez, o bonitão seu amigo, há dias você não se encontra com outro. Assim, este parto de cachorros de outro lugar vem e algum mistério contém". Sua mãe e eu, que estava presente o tempo todo, ficamos admiradas. Camacha saiu e levou os filhotes e eu fiquei com a sua mãe para cuidar dela, que não acreditava no que tinha acontecido.

Chegou o fim de Camacha e, estando na última hora da sua vida, chamou a sua mãe e lhe contou como ela tinha convertido seus filhos em cachorros por causa de algum desgosto que tinha tido. Disse também, que não se afligisse, que eles voltariam à sua forma quando menos esperassem, mas que não seria antes que eles, pelos seus próprios olhos, vissem o seguinte:

Voltarão para a sua forma verdadeira
quando virem com rápida diligência
caírem os soberbos levantados
e elevarem-se os humildes abatidos,
com mão poderosa para fazê-lo.

Como já te disse, estas foram as palavras de Camacha para a sua mãe antes da sua morte. Sua mãe guardou-as por escrito e na memória e eu na minha, caso acontecesse de poder dizê-lo a algum de vocês. Para poder reconhecê-los, a todos os cachorros que vejo da sua cor, chamo pelo nome de sua mãe, não por pensar que saberão o nome dela, mas para ver se respondem ao serem chamados por nome tão diferente aos que são dados aos outros cachorros. E hoje à tarde, quando o vi fazendo tantas coisas, que lhe chamavam de *cachorro sábio* e como você levantou a cabeça para me olhar quando o chamei no pátio, acreditei que você é mesmo o filho de Montiela, a quem, com grande alegria, conto sobre a sua vida e de como vai voltar à sua forma original. Queria que fosse tão fácil como diz Apuleio em *O Asno de ouro*, que consistisse somente em comer uma rosa, mas seu caso, está fundado em questões alheias e não no seu esforço. O que você deve fazer, filho, é entregar-se a Deus em seu coração e esperar que estas, que não quero chamar profecias, mas adivinhanças, aconteçam logo e prosperamente. Como quem disse foi a Camacha, com certeza elas acontecerão, e você e seu irmão, se está vivo, ficarão como desejam.

O que me entristece é que estou tão perto da morte que não poderei presenciá-lo. Muitas vezes quis perguntar para o meu demônio qual será o fim de vocês, mas não me atrevi, porque nunca responde claramente ao que lhe perguntamos, mas com argumentos torcidos e com muitos sentidos. Assim que, a este nosso amo e senhor, não se deve perguntar nada, porque mistura com uma verdade, mil mentiras e o que eu percebi de suas respostas é que ele não sabe, com exatidão, nada sobre o porvir, apenas suas conjecturas. No entanto, mantêm-nos tão enganadas as que somos bruxas, que, mesmo fazendo mil burlas, não podemos abandoná-lo. Vamos encontrar com ele muito longe daqui, em um grande campo, onde nos unimos uma infinidade de pessoas, bruxos e bruxas, e ali nos dá de comer e acontecem outras coisas que em verdade e por Deus e por minha alma não me atrevo a contá-las porque são muito sujas e não quero ofender os seus castos ouvidos. Dizem alguns que não vamos a estes encontros a não ser em nossa fantasia, na qual nos apresenta o demônio as imagens de todas aquelas coisas que depois contamos que aconteceram. Outros dizem que não, que vamos verdadeiramente de corpo e alma. Tenho para mim que as duas opiniões são verdadeiras, já que nós não sabemos quando vamos de um jeito ou de outro, porque tudo o que nos acontece na fantasia é tão intenso que não há como diferenciá-lo de quando vamos real e verdadeiramente. Algumas experiências sobre isso fizeram os senhores inquisidores com algumas de nós, deixando-nos presas. Acho que eles comprovaram que é verdade o que eu digo.

Queria, filho, afastar-me desse pecado e, para isso, fiz os meus esforços: vim ser hospitaleira, cuido dos pobres e alguns morrem e me dão a vida com tudo o que me deixam. Rezo pouco e em público; murmuro muito e em segredo. Acho melhor ser hipócrita do que ser pecadora declarada: as aparências das minhas boas obras presentes vão apagando da memória daqueles que me conhecem as más obras do passado. Com efeito, a santidade fingida não faz mal nenhum a terceiros, mas só para quem a usa. Filho Montiel lhe dou este conselho: seja bom em tudo o que você puder e, se você precisar ser mau, procure não demonstrá-lo. Eu sou uma bruxa, não posso negar; bruxa e feiticeira foi a sua mãe e isso também não posso negar, mas nossas boas aparências podiam dar-nos crédito em todo o mundo. Três dias antes que morresse, nós duas tínhamos estado em um vale dos Pirineus, em uma grande festa. Quando morreu, foi com tanto sossego e repouso, que se não fossem algumas caretas que fez quinze minutos antes de entregar a sua alma, pareceria que ela estava naquela como em um buquê de flores. Levava em seu coração seus dois filhos e nunca quis, nem no leito de morte, perdoar Camacha, tal a sua inteireza e firmeza nas coisas. Eu fechei os olhos dela e a levei até a sepultura. Ali a deixei para não mais vê-la, ainda que não tenha perdido a esperança de fazê-lo antes de morrer, porque disseram que algumas pessoas a viram andando pelos cemitérios e encruzilhadas, sob diferentes formas, e, quem sabe, alguma vez, eu me encontre com ela e lhe pergunte se quer que eu faça alguma coisa para o desencargo de sua consciência".

Cada uma destas coisas que a velha me falava exaltando a que dizia ser a minha mãe, era como uma lança que me atravessava o coração. Queria avançar nela e fazer dela pedaços entre os meus dentes e se não o fiz foi para que a morte não a encontrasse em tão mal estado. Finalmente, ela me disse que naquela noite se untaria para ir a uma das suas costumeiras reuniões e que, quando estivesse lá, perguntaria para o diabo o que iria acontecer comigo. Queria perguntar-lhe que unguentos eram aqueles dos quais ela falava, e parece que leu o meu pensamento, pois respondeu ao que eu queria ter perguntado, dizendo:

"Este unguento com o qual nós bruxas nos untamos é composto pelos sucos de ervas extremamente frios e não é, como dizem as pessoas, feito com o sangue de crianças que afogamos. Você poderia perguntar que proveito tira o demônio em fazer-nos matar ternas criaturas, pois sabe que, estando batizadas, inocentes e sem pecado, vão para o céu e ele recebe uma pena específica para cada alma cristã que lhe escapa, e não saberei lhe dizer outra coisa além do que diz o refrão: "há os que furam dois olhos para que seu inimigo fure um" e pela tristeza que ficam os pais com seus filhos mortos, que é maior do que se pode imaginar. O que mais lhe importa é fazer com que nós cometamos a cada passo mais cruel e perverso pecado. E Deus permite tudo isso, porque sem a sua permissão, eu vi por experiência própria, que o diabo não consegue maltratar nem a uma formiga. E isto é tão verdade que uma vez lhe pedi que destruísse a vinha de um inimigo meu e me respondeu que não podia sequer tocar em uma folha dela, porque Deus não queria. Com tudo isso você poderá entender, quando seja um homem, que todas as desgraças que chegam às pessoas, aos reinos, às cidades e aos povoados, as mortes repentinas, os naufrágios, as quedas, enfim, todos os males que chamam de dano, vêm da mão do Altíssimo e de sua vontade e os danos e males que chamam de culpa vêm e são causados por nós mesmos. Deus é impecável, de onde se infere que nós somos autores do pecado, formando-o na intenção, na palavra e na obra, tudo permitindo Deus, como eu já disse.

Se acaso você me entende, filho, se perguntará quem fez de mim uma teóloga e, quem sabe, diga para si: "Puxa vida! Por que não deixa de ser bruxa, pois sabe tanto, e se volta a Deus, pois sabe que é mais propenso a perdoar os pecados do que a permiti-los?". Respondo-lhe, como se me tivesse perguntado, que o costume do vício se transforma em natureza e o vício de ser bruxa se converte em carne e sangue. No meio do seu ardor, que é muito, traz um frio que chega à alma, que a resfria e entorpece na fé, esquecendo-se de si mesma, e nem se lembrando dos temores com que Deus a ameaça, nem da glória com que a convida. Com efeito, como é pecado de carne e de deleites, é forçoso que amorteça todos os sentidos e os encante e absorva, sem deixar que usem seus ofícios como devem. Assim, ficando a alma inútil, fraca e desmazelada não pode sequer levar em consideração ter um bom pensamento e, deixando-se ficar sumida na profunda cova de sua miséria, não quer levantar a mão na direção da mão de Deus, que a está estendendo somente por misericórdia, para que se levante. Eu tenho uma destas almas que lhe descrevi: vejo tudo e entendo tudo. Como o deleite me colocou grilhões na vontade, sempre fui e sempre serei má.

Mas deixemos isso e voltemos para os unguentos. Digo que são tão frios que nos privam de todos os sentidos, ficamos estendidas e nuas no chão, por isso dizem que passamos por tudo aquilo na nossa fantasia e que pensamos acontecer de verdade. Outras vezes, assim que terminamos de nos untar, ao nosso parecer mudamos de forma e, convertidas em galos, corujas ou corvos, vamos até o lugar onde o diabo nos espera e ali voltamos à nossa forma e gozamos dos deleites que deixo de lhe contar porque são tais que a mente se escandaliza ao lembrar-se deles e a língua se esquiva de contá-los. Com tudo isto, sou bruxa e cubro com a capa da hipocrisia todos os meus muitos erros. É verdade que se alguns me estimam e me consideram boa, não faltam os que me dizem, bem perto do ouvido, xingamentos, que é o que lhes deixou impressa a fúria de um colérico juiz que, em tempos passados, teve algo a ver comigo e com a sua mãe, depositando a sua ira nas mãos de um verdugo que usou de toda a sua força e rigor nas nossas costas. Mas isso já passou e todas as coisas passam; as memórias se acabam; as vidas não voltam; as línguas se cansam; os acontecimentos novos fazem com que os velhos sejam esquecidos. Hospitaleira eu sou, dou boas mostras do meu proceder, os meus unguentos me proporcionam bons momentos, não sou tão velha que não possa viver mais um ano, embora tenha setenta e cinco. Como não posso jejuar, pela minha idade; nem rezar, pelas vertigens; nem fazer romarias, pela fraqueza das minhas pernas; nem dar esmola, porque sou pobre; nem ter bons pensamentos, porque sou amiga da murmuração, meus pensamentos sempre serão maus. Apesar de tudo isto, sei que Deus é bom e misericordioso e que Ele sabe o que será de mim. E chega. E terminemos com esta conversa que me entristece verdadeiramente. Venha, filho, e você verá eu me untar, porque todas as dores são menores com pão; aproveite o bom momento, pois, enquanto se ri, não se chora. Quero dizer que, mesmo que as alegrias que nos dê o demônio sejam aparentes e falsas, nos parecem alegrias e o deleite é muito mais imaginado do que gozado. No entanto, nas verdadeiras alegrias deve ser ao contrário".

Depois de dizer tudo isto, levantou-se e, pegando o candeeiro, entrou em um outro quartinho mais estreito. Eu a segui, angustiado por vários pensamentos e admirado pelo que havia escutado e esperava ver. A Canhizares pendurou o candeeiro na parede e, com muita pressa, tirou a sua roupa. Pegou em um canto uma panela de vidro, colocou a mão dentro dela e, resmungando entre os dentes, untou-se dos pés à cabeça, que estava descoberta. Antes de acabar de se untar me disse que não me desesperasse nem deixasse de esperar ali até o amanhecer – mesmo que seu corpo ficasse desmaiado naquele aposento ou mesmo que ele desaparecesse – porque eu saberia tudo o que deveria me acontecer até eu voltar a ser homem. Disse-lhe, abaixando a cabeça, que assim o faria. Ela terminou de se untar e se esticou no chão, como morta. Aproximei a minha boca da dela e vi que não respirava.

Tenho que lhe confessar uma verdade, Cipião amigo: deu-me

um grande temor me encontrar fechado naquele estreito aposento com aquela figura na minha frente, a qual lhe descreverei da melhor maneira que puder:

Ela media mais de sete pés, era toda ossos, cobertos com uma pele negra, peluda e curtida. Com a barriga, que era de pelancas, cobria as partes desonestas e ainda lhe pendia até a metade da coxa. As tetas pareciam duas bexigas de vaca secas e enrugadas, os lábios enegrecidos, os dentes carcomidos, o nariz torto, os olhos desemparelhados, o cabelo desgrenhado, as bochechas chupadas, a garganta estreita e o peito afundado. Resumidamente, era magra e endemoniada.

Comecei a olhá-la devagar e rápido começou a se apoderar de mim o medo, pela má visão do seu corpo e pela pior ocupação da sua alma. Quis mordê-la, para ver se voltava a si, e não encontrei nenhuma parte em toda ela que o nojo me permitisse fazê-lo. Mas, apesar de tudo isso, agarrei-a por um calcanhar e fui arrastando-a até o pátio, mas nem assim deu mostras de recobrar os sentidos. Ali, pelo menos, podendo olhar o céu e encontrando-me em um lugar mais aberto, diminuiu o meu temor e tive coragem de esperar para ver no que dava a ida e volta daquela má fêmea e o que contava sobre a minha vida. Perguntava-me a mim mesmo: "Quem fez esta velha tão discreta e tão má? Como ela sabe quais são os males de dano e quais são os de culpa? Como entende e fala tanto de Deus e trabalha tanto para o diabo? Como peca com tanta malícia, sem se desculpar com a ignorância?"

Com estas considerações a noite passou e veio o dia, que nos encontrou no meio do pátio; ela, sem voltar a si e eu junto dela, de cócoras, atento, olhando a sua cara feia e espantosa. Chegaram as pessoas do hospital e, vendo aquela cena, alguns diziam: "A bendita Canhizares está morta, vejam quão desfigurada e magra ficou com a penitência que fazia"; outros, mais comedidos, tomaram-lhe o pulso e viram que não estava morta, por onde entenderam que estava em êxtase e arroubamento. Houve os que disseram: "Esta puta velha com certeza deve ser bruxa, e deve estar untada, pois os santos não fazem tão desonestos arroubos e, até agora, entre os que a conhecem, tem mais fama de bruxa do que de santa". Alguns curiosos se aproximaram para fincar-lhe alfinetes na carne, desde a ponta dos pés até a cabeça, nem por isso acordava a dorminhoca e nem voltou a si até as sete da manhã. Como se sentiu furada pelos alfinetes, mordida pelos calcanhares, machucada por ter sido arrastada até fora do seu quarto e à vista de tantos olhos que a estavam olhando, acreditou, e verdadeiramente, que eu tinha sido o autor da sua desonra. Veio em minha direção e colocando as duas mãos na minha garganta, tentava me enforcar, dizendo: "Mal-agradecido, desgraçado, ignorante e malicioso! Assim você me paga pelas boas obras que fiz para a sua mãe e pelas que pensava fazer para você?" Eu, que me vi correndo perigo de perder a vida nas unhas daquela fera, levantei-me, agarrei as suas longas saias, sacudi-a e arrastei por todo o pátio. Ela gritava pedindo que a salvassem dos dentes daquele espírito maligno.

Com estas palavras da velha má, muitos acreditaram que eu era algum demônio, desses que os bons cristãos têm ojeriza. Uns me jogavam água benta, outros não ousavam afastar-me da velha, outros, ainda, gritavam para que me conjurassem. A velha grunhia, eu apertava os dentes, aumentava a confusão. Meu dono, que tinha chegado com o barulho, desesperava-se ouvindo que eu era o demônio. Outros, que não sabiam de exorcismos, pegaram três ou quatro pedaços de pau, com os quais começaram a benzer meu lombo. Senti dor, soltei a velha e, com três pulos, saí na rua. Com mais alguns pulos saí da cidade, perseguido por uma infinidade de meninos, que gritavam: "Afastem-se porque o cachorro sábio está com raiva!" Outros diziam: "Não é raiva, é o demônio na figura de um cachorro". Com este acontecimento, rapidamente saí do povoado, sendo seguido por muitos que acreditavam piamente que eu era o demônio, tanto pelas coisas que me tinham visto fazer, como pelas palavras que a velha disse quando acordou do seu maldito sonho.

Apressei-me tanto em fugir e sumir da frente deles, que acreditaram que eu tinha desaparecido como o demônio. Andei doze léguas em seis horas e cheguei a um acampamento de ciganos que estava em um campo próximo de Granada. Ali descansei um pouco, porque alguns dos ciganos me reconheceram como o cachorro sábio. Com grande alegria, acolheram-me e esconderam-me em uma gruta para que ninguém me encontrasse se me procurasse. Depois entendi que tinham a intenção de ganhar dinheiro comigo, como o fazia o meu dono tamborileiro. Estive durante vinte dias com eles, nos quais observei suas vidas e seus costumes, que por serem tão notáveis é importante que eu os conte.

CIPIÃO – Antes que você continue, Berganza, é importante que pensemos no que a bruxa lhe disse e averiguemos se pode ser verdade a grande mentira para a qual você dá crédito. Veja, Berganza, é um grande disparate acreditar que a Camacha podia transformar homens em animais e que o sacristão lhe serviu em forma de asno durante anos. Todas estas coisas, e outras semelhantes, são enganos, mentiras ou falsificações do demônio. Se agora achamos que temos algum entendimento e razão, pois falamos sendo cachorros ou estando em sua forma, já dissemos que isto é um caso prodigioso e jamais visto e que, ainda que o toquemos com as mãos, não acreditaremos nele até que este acontecimento nos mostre o que convém que acreditemos. Quer ver mais claramente? Considere quantas coisas vãs e quantos disparates a Camacha disse a respeito da nossa recuperação. Aquelas que lhe parecem profecias, não são mais do que palavras de aconselhamento ou contos de velhas, como aqueles do cavalo sem cabeça e da varinha mágica, com os quais se passa o tempo diante do fogo nas noites de inverno. Porque, se fosse outra coisa, já tinham se cumprido, a não ser que as suas palavras devam ser tomadas em sentido alegórico. Esse sentido, não quer dizer o que a letra aparenta, mas outra coisa que, mesmo diferente, parece com ela. E, assim, falar:

> Voltarão para a sua forma verdadeira
> quando virem com rápida diligência
> caírem os soberbos levantados
> e elevarem-se os humildes abatidos,
> com mão poderosa para fazê-lo,

tomando-o no sentido que eu falei, acho que quer dizer que voltaremos à nossa forma quando virmos que os que ontem estavam no alto da roda da fortuna, hoje estão humilhados, abatidos aos pés da desgraça e pouco considerados por aqueles que mais os estimavam. Também, quando virmos que outros que há duas horas não tinham neste mundo outra participação que a de servir de número que aumentasse o das pessoas, agora estão tão enaltecidos pela boa sorte que os perdemos de vista e, se antes não apareciam porque eram pequenos e encolhidos, agora não os podemos alcançar porque são grandes e elevados. Se nisto consistisse o voltarmos à forma que você diz, já o vimos e veremos a cada passo, por onde entendo que não é no sentido alegórico, mas no literal, que devem ser tomados os versos de Camacha. Tampouco neste sentido está a nossa salvação, porque vimos muitas vezes o que dizem e continuamos tão cachorros quanto antes. Assim, a Camacha foi uma falsa burladora, a Canhizares uma embusteira, a Mantiela tonta, maliciosa e velhaca, com perdão da palavra, caso for nossa mãe, ou sua, porque eu não quero tê-la por mãe. Digo que o verdadeiro sentido é como um jogo de boliche, em que com rápida diligência derrubam-se os que estão de pé e voltam-se a levantar os caídos, e isso pela mão de quem pode fazê-lo. Observe se no transcurso de nossa vida não vimos estes jogos de boliche e se, por isso, voltamos a ser homens, se é que o somos.

BERGANZA – Você tem razão, Cipião, meu irmão, e é mais discreto do que eu pensava. Com o que você disse, venho pensar e acreditar que tudo o que até aqui passamos e que estamos passando é sonho e que somos cachorros. Mas nem por isso deixaremos de gozar deste dom da fala que temos e da excelência tão grande de ter o discurso humano durante o tempo que pudermos. Assim, não se canse de me ouvir contar o que me aconteceu com os ciganos que me esconderam na gruta.

CIPIÃO – Com boa vontade o escuto, para você ficar obrigado a me escutar quando eu contar, se o céu assim o quiser, os acontecimentos da minha vida.

BERGANZA – No tempo em que estive com os ciganos, pude conhecer suas muitas malícias, seus enganos, seus furtos.

Ciganos e ciganas roubam desde o momento que abandonam as fraldas e sabem andar. Você viu a quantidade deles espalhada pela Espanha? Todos se conhecem e têm notícias uns dos outros e transferem e trocam os furtos destes com aqueles e daqueles com estes. Obedecem, mais que a seu rei, a um que chamam de *Conde* que, como todos os que o sucedem, recebe o apelido de Maldonado e não porque descendam da nobre linhagem deste sobrenome, mas porque um criado de um cavaleiro com este nome se apaixonou por uma cigana, que não quis conceder o seu amor se ele não se tornasse cigano e a tomasse por esposa. Assim o fez o criado e agradou tanto aos demais ciganos que o aclamaram senhor e lhe prestaram obediência. Como sinal de vassalagem vão até ele com parte dos furtos que fazem, quando são significativos.

Os homens ocupam-se, para dar cor à sua ociosidade, de lavrar coisas de ferro, fazendo instrumentos que facilitam os seus furtos. Assim, você os verá pelas ruas sempre tendo para vender pinças, brocas, martelos; e as mulheres, tripés e pás. Todas elas são boas parteiras e, nisto, levam vantagem às nossas. Sem custos, nem demora dão à luz e lavam as criaturas com água fria assim que nascem. Desde que nascem até que morrem, acostumam-se e passam a sofrer as inclemências e rigores do céu. Você verá que todos são fortes, acrobatas, corredores e bailarinos. Casam-se sempre entre eles para que seus maus costumes não sejam conhecidos por outros. Elas respeitam os seus maridos e há poucas que os ofendem com homens que não sejam de sua raça. Quando pedem esmola, conseguem-na utilizando invenções e mentiras e não devoções. Com a desculpa de que não há quem se fie delas, não trabalham e são folgadas. Se não me lembro mal, poucas ou nenhuma vez vi nenhuma cigana ao pé do altar comungando, embora eu tenha entrado muitas vezes nas igrejas.

Seus pensamentos são imaginar como vão enganar e onde vão roubar. Conferem os seus furtos e o modo como o fizeram. Um dia, um cigano contou diante de mim e de outros ciganos um engano e furto que tinha feito a um lavrador. O cigano tinha um asno com um rabo grande e no pedaço do rabo que não tinha pelo, colocou outro peludo, que parecia ser o seu natural. Levou-o ao mercado, um lavrador o comprou por dez ducados. Tendo-o vendido e cobrado o dinheiro, perguntou-lhe se queria comprar outro asno, irmão daquele, tão bom quanto o que comprara, que o venderia a um bom preço. O lavrador lhe respondeu que fosse buscá-lo, que ele o compraria e que, enquanto isso, levaria o comprado para a sua pousada. Foi o lavrador, o cigano o seguiu e, seja lá como for, conseguiu roubar do lavrador o asno que lhe tinha vendido. No mesmo instante, arrancou-lhe o rabo postiço e deixou-o com o seu rabo sem pelo. Mudou-lhe a sela e o cabresto e foi procurar o lavrador para que o comprasse. Encontrou-o antes que sentisse a falta do primeiro e, rapidamente, comprou o segundo. Foi pagá-lo na pousada, onde o besta não achou a besta e, ainda que lhe parecesse um exagero, suspeitou que o cigano o tivesse roubado e não quis pagá-lo. O cigano foi atrás de testemunhas e trouxe os que tinham recebido os tributos do primeiro asno. Eles juraram que o cigano tinha vendido para o lavrador um asno com um rabo muito comprido, diferente do segundo que vendia. Um delegado presenciou tudo isto e defendeu o cigano com tantos argumentos que o lavrador teve que pagar o asno duas vezes. Contaram muitos outros furtos, todos, ou a maioria, sobre animais, no que eles são especializados e no que mais se exercitam. Resumindo, são pessoas más e, ainda que muitos e muito prudentes juízes tenham ido contra eles, nem por isso se emendam.

 Passados vinte dias, quiseram levar-me para Múrcia. Passei por Granada onde já estava o capitão, cujo tamborileiro era meu antigo dono. Assim que os ciganos souberam disso, me trancaram dentro de um aposento da taberna onde estavam. Escutei-os dizer o motivo, não me agradava a viagem que iam fazer e decidi fugir. E assim o fiz. Saindo de Granada, cheguei a uma horta de um mourisco, que me acolheu com tão boa vontade, e eu permaneci com melhor, parecendo que só queria que eu cuidasse da horta, ofício, ao meu parecer, menos trabalhoso do que o de guardar rebanhos. Como não havia ali desacordo quanto ao salário, foi fácil para o mourisco encontrar um criado a quem mandar e, para mim, um dono a quem servir. Estive com ele mais de um mês, não pelo gosto da vida que tinha, mas pelo que aprendia da vida do meu dono e, por ela, da de todos os mouriscos que vivem na Espanha.

 Ó quantas e quais coisas poderia lhe dizer, Cipião amigo, destes mouros canalhas, se não temesse não conseguir terminá-las em duas semanas! Se tivesse que contá-las em detalhes, não acabaria antes de dois meses. Mas, lhe contarei uma coisa e assim você ouve no geral o que eu vi e ouvi no particular.

 Por milagre se encontrará um, entre tantos, que creia corretamente na sagrada lei cristã. Tudo o que fazem é acumular e guardar dinheiro cunhado. Para conseguirem, trabalham e não comem. Entrando o real em seu poder condenam-lhe à prisão perpétua e à escuridão eterna. De modo que, ganhando sempre e não gastando nunca, reúnem e acumulam a maior quantidade de dinheiro que há na Espanha. Eles são o seu cofre, sua traça,

O Colóquio dos Cachorros

sua gralha e sua doninha. Tudo juntam, tudo escondem, tudo devoram. Considere-se que eles são muitos e que a cada dia ganham e escondem, pouco ou muito. Conforme vão crescendo, vão aumentando os esconderijos, que crescem e vão crescer até o infinito, como a experiência o demonstra. Entre eles não existe a castidade, nem eles e nem elas entram em nenhuma religião. Todos se casam, multiplicam-se, porque o viver sobriamente aumenta as rendas. A guerra não os consome, nem exercícios que os ocupem muito, roubam-nos dissimuladamente e com os frutos das nossas fazendas, que nos revendem, tornam-se ricos. Não têm criados porque todos são criados de si mesmos. Não gastam com o estudo dos seus filhos porque a sua única ciência é a de roubar-nos. Dos doze filhos de Jacó que ouvi dizer que entraram no Egito, quando Moisés os tirou do cativeiro, eram seiscentos mil homens, sem contar mulheres e crianças. Pode-se inferir disso o que estes se multiplicarão que, sem comparação, são em maior número.

CIPIÃO – Procurou-se encontrar uma solução para todos os males que você falou por alto, pois bem sei que são maiores os que cala do que os que conta. Até agora não se encontrou o que convém, mas nossa república tem vigilantes prudentíssimos que, considerando que a Espanha cria e mantém em seu seio tantas víboras quantos mouriscos, ajudados por Deus, encontrarão uma saída certeira, rápida e segura a tanto dano. Continue.

BERGANZA – Como o meu dono era mesquinho, como todos os de sua casta, sustentava-me com pão de milho e com as sobras de sorgo, seu alimento diário. O céu me ajudou a superar esta miséria de um modo tão estranho como o que agora você ouvirá.

Toda manhã, junto com a aurora, amanhecia sentado debaixo de um pé de romã, entre os muitos que havia na horta, um jovem, que parecia ser estudante, vestido com uma roupa de lã, não tão negra nem tão peluda que não parecesse parda e velha. Escrevia em um caderno e, uma vez ou outra, dava-se uns tapas na testa e roía as unhas, olhando para o céu. Outras, ficava tão pensativo que não mexia nem o pé, nem a mão, nem os cílios, tal era a sua concentração. Uma vez me aproximei dele sem que ele me visse. Escutei-o murmurar entre os dentes e, depois de um bom tempo, deu um grande grito dizendo: "Aleluia! Esta é a melhor oitava que eu fiz em todos os dias da minha vida!". Escrevendo rapidamente em seu caderno, demonstrava estar muito contente. Com tudo isso, compreendi que o desafortunado era poeta. Fiz-lhe minhas carícias costumeiras, para que ele se assegurasse da minha mansidão, deitei-me a seus pés e ele, com esta segurança, continuou nos seus pensamentos, voltou a coçar a sua cabeça, a seus arroubos e a escrever o que pensava. Nisto, entrou na horta um outro jovem, bonito e bem arrumado, com uns papéis na mão, que lia de quando em quando. Aproximou-se de onde estava o primeiro e lhe disse: "Você já acabou a primeira jornada?" "Acabo de chegar ao fim – respondeu o poeta – da mais bonita que se possa imaginar". "De que maneira?", perguntou o segundo. "Desta – respondeu o primeiro –: Sai a Sua Santidade o Papa vestido de Pontífice, acompanhado por doze cardeais, todos vestidos de roxo, porque quando aconteceu o caso que conta a história da minha comédia era tempo de *mutatiocaparum*, no qual os cardeais não vestem vermelho, mas roxo. Assim, para guardar a exatidão, convém que meus cardeais saiam de roxo e este é um ponto muito importante para a comédia. Eu não me enganei nisso porque li todo o cerimonial romano, apenas para acertar nestas vestimentas". "Mas – respondeu o outro – de onde você imagina que meu diretor tenha roupas roxas para doze cardeais?" "Pois se ele me tira apenas um – respondeu o poeta – não lhe entregarei a minha comédia. Oras! Como vamos perder esta aparência tão grandiosa? Imagine você desde já como aparecerá em um teatro um Sumo Pontífice com doze cardeais sérios e com outros ministros que obrigatoriamente o acompanharão. Certamente será um dos maiores espetáculos que já se viu em comédia, ainda que seja a do *Ramillete de Daraja!*".

Com isto compreendi que um era poeta e o outro, comediante. O comediante aconselhou que o poeta cortasse alguns cardeais se não quisesse impossibilitar o diretor de fazer a comédia. O poeta respondeu que deveriam lhe agradecer por não ter colocado todo o conclave que estava presente no ato memorável que pretendia trazer à lembrança das pessoas na sua felicíssima comédia. O comediante riu e o deixou em sua ocupação para ir para a dele, que era estudar um papel de uma nova comédia. O poeta, depois de ter escrito algumas coplas de sua magnífica comédia, com muito calma, tirou de sua bolsa alguns pedaços de pão e umas vinte uvas (e acho, pois as contei, que nem eram tantas porque se misturavam com as migalhas de pão). Soprou e tirou as migalhas e comeu as uvas, uma a uma, e também seus talos, porque não o vi jogar nenhum. Juntando-as com os pães, que arroxeados pelos fiapos da bolsa, pareciam mofados e estavam tão duros que, ainda que ele procurasse amolecê-los, passando-os muitas vezes pela boca, não foi possível tirá-los de sua condição. Tudo isso resultou em meu benefício, porque me atirou os pães dizendo: "Totó, que você faça bom proveito". "Olha

— disse para mim — que néctar ou ambrosia me dá este poeta, daqueles com que dizem que os deuses e Apolo se alimentam lá no céu!". Grande era a miséria do poeta, mas maior era a minha necessidade, que me obrigou a comer o que ele jogava fora. Durante o tempo em que escreveu a sua comédia, não deixou de vir à horta e não me faltou pão, porque o repartia comigo com muita generosidade. Depois disso, íamos até o poço onde eu, de bruços, e ele com um balde, saciávamos a nossa sede como reis. Mas um dia faltou o poeta e sobrou em mim a fome. Tanto que decidi abandonar o mourisco e entrar na cidade, procurando nova sorte, porque quem a procura a encontra.

Ao entrar na cidade vi que o meu poeta saía do famoso Mosteiro de São Jerônimo. Assim que me viu, veio em minha direção com os braços abertos e eu fui até ele dando novas demonstrações de alegria por tê-lo reencontrado. Logo começou a jogar pedaços de pão, mais macios do que os que costumava levar na horta, e a dá-los para os meus dentes, sem passar pelos seus: favor que satisfez a minha fome. Os suaves pedaços de pão e ter visto o meu poeta sair do mosteiro que falei, fizeram-me pensar que ele envergonhava as musas, como outros muitos poetas.

Dirigiu-se para a cidade e eu o segui com a determinação de tê-lo como dono se ele quisesse, imaginando que das sobras do seu castelo, poderia manter meu exército. Não existe maior nem melhor virtude que a caridade, cujas generosas mãos jamais estão vazias. Assim, não concordo com aquele refrão que diz: "Mais dá o sovina que o desnudo", como se o sovina desse alguma coisa, como o generoso pobre que deseja o bem quando mais não tem. Entre uma coisa e outra, paramos na casa de um diretor de comédias que, se me lembro bem, se chamava Angulo, o mau, diferente de outro Angulo, não diretor, mas ator, o mais engraçado que as comédias tiveram e ainda têm. Toda a companhia se juntou para escutar a comédia do meu dono, porque assim já o considerava. Na metade da primeira jornada, um a um, dois a dois, todos foram saindo, exceto o diretor e eu, que servíamos de ouvintes. A comédia era tal que, mesmo eu sendo um asno neste assunto de poesia, pareceu-me que o próprio Satanás a tinha composto, para total ruína e perdição do poeta, que já começava a engolir saliva, vendo a solidão em que o auditório tinha lhe abandonado. E não era tudo, pois a alma, pressagiosa, dizia-lhe, lá dentro, que desgraça maior estava por vir. Voltaram todos os recitantes, que eram mais de doze e, sem dizer uma palavra, começaram a agredir o meu poeta. Se não fosse pela autoridade do diretor, que interveio com súplicas e gritos, com certeza o manteariam. Eu fiquei pasmo com o caso; o diretor, desabrido; os farsantes, alegres e o poeta, aborrecido. Com muita paciência, com o rosto um pouco torto, pegou a sua comédia e, colocando-a sobre o peito, meio murmurando disse: "Não é bom jogar pérolas aos porcos". E assim, foi embora, calmamente.

Eu, de vergonha, não pude e nem quis segui-lo. E acertei porque o diretor me fez tantos carinhos que me obrigaram a ficar com ele e, em menos de um mês, tornei-me grande entremezista e grande ator de figuras mudas. Puseram-me um freio de pano e me ensinaram a avançar em quem eles queriam. Como os entremezes costumavam terminar, na maioria das vezes, em briga, na companhia do meu amo acabavam por provocar-me e eu derrubava e atropelava a todos, fazendo rir os ignorantes e dando muito dinheiro ao meu dono.

Ó, Cipião! Se eu pudesse lhe contar o que eu vi nesta e em

outras duas companhias de comediantes nas que estive! Mas, como não é possível contar isso brevemente, deixarei para outro dia, se é que há de haver um outro dia, em que nos falemos. Você viu que longa foi a minha fala? Viu meus muitos e diversos acontecimentos? Acha que os meus caminhos e os meus donos foram muitos? Pois tudo o que você escutou não é nada, comparado com o que eu poderia lhe contar do que notei, vi e averiguei dessa gente: seu proceder, sua vida, seus costumes, seu ofício, seu trabalho, sua ociosidade, sua ignorância e sua agudeza, além de outras tantas coisas, umas para contar-se ao ouvido e, outras, para serem aclamadas em público e, todas, para serem lembradas e para desengano de muitos que idolatram personagens fingidas e belezas artificiais.

CIPIÃO – Consigo ver bem, Berganza, o longo campo que se abriria para você continuar com a sua fala e acho que deve deixá-la para uma conversa particular.

BERGANZA – Que seja assim. Escute.

Cheguei com uma companhia a Valladolid. Em um entremez me fizeram uma ferida que quase acabou com a minha vida. Não pude me vingar na hora, porque estava com o freio e depois, a sangue frio, não quis, porque a vingança pensada revela a crueldade e o mau ânimo. Cansei-me daquele ofício, não porque era trabalhoso, mas porque via nele coisas que mereciam correção e castigo. Como a mim me cabia mais sentir do que remediar, decidi não vê-las, e, assim, recorri ao sagrado, como fazem aqueles que abandonam os vícios quando não podem praticá-los. Digo, então, que, uma noite, vendo você carregar a lanterna com Mahúdes, aquele bom cristão, considerei-lhe feliz, justa e santamente ocupado. Cheio da boa inveja, quis seguir os seus passos e, com essa louvável intenção, coloquei-me na frente de Mahúdes, que logo me escolheu como seu companheiro e me trouxe até este hospital. O que me aconteceu aqui não é tão pouco que não seja preciso um bom tempo para contá-lo, especialmente o que ouvi de quatro doentes cuja sorte e necessidade trouxeram até este hospital, estando os quatro juntos, em quatro camas emparelhadas.

Perdoe-me, porque a história é curta, não tem digressão e cabe aqui como exemplo.

CIPIÃO – Sim, perdoo-lhe. Conclua, porque acho que não está longe de amanhecer o dia.

BERGANZA – Nas quatro camas que estão no final desta enfermaria, em uma estava um alquimista, na outra um poeta, na outra um matemático e na outra um dos que chamam conselheiro.

CIPIÃO – Lembro-me de ter visto estas pessoas.

BERGANZA – Em uma tarde do verão passado, estando fechadas as janelas, eu estava pegando ar debaixo da cama de um deles. O poeta começou a se queixar lastimosamente. O matemático lhe perguntou do que se queixava, respondeu que de sua pouca sorte. "Como não terei razão para queixar-me? – continuou. Tendo seguido tudo o que Horácio manda na sua *Poética*, de que não se publique obra que, depois de composta, não se tenham passado dez anos e que eu tenha uma de vinte anos de composição e doze de expectativa, grande no assunto, admirável e nova na invenção, grave no verso, divertida nos episódios, maravilhosa na divisão, porque o princípio corresponde ao meio e ao fim, de maneira que tornam o poema alto, sonoro, heroico, desfrutável e substancioso, apesar de tudo isso, não encontro um príncipe a quem dirigi-la. Príncipe, quero dizer, que seja inteligente, generoso e magnânimo. Mísera idade e depravado o nosso século!" "De que trata o livro?", perguntou o alquimista. O poeta respondeu: "Fala sobre o que deixou de escrever o Arcebispo Turpim do Rei Artur da Inglaterra, com outro suplemento da *História da demanda do Santo Brial*, tudo em verso heroico, parte em oitava e parte em verso solto, mais tudo em proparoxítonas, digo, substantivos proparoxítonos, sem admitir nenhum verbo". "Eu – respondeu o alquimista – pouco entendo de poesia e, assim, não saberei considerar a desgraça da qual o senhor se queixa, embora, mesmo que fosse maior, não se igualaria a minha: por faltar-me instrumento ou um príncipe que me apoie e dê nas minhas mãos os requisitos que a ciência da alquimia pede, não estou agora nadando em ouro e nem com mais riquezas que os Midas, os Crassos e os Cressos". "O senhor – disse a esta altura o matemático –, senhor alquimista, fez a experiência de transformar outros metais em prata?" "Eu – respondeu – não a transformei até agora, mas sei que realmente se transforma. Daqui a dois meses acaba a pedra filosofal com que se pode transformar qualquer pedra em ouro e prata". "Os senhores exageraram nas suas desgraças – disse então o matemático – mas, ao final, um tem um livro a quem dirigir e o outro tem a potencialidade de conseguir a pedra filosofal, mas, o que direi da minha, que é tão solitária que não tem onde apoiar-se? Há vinte e dois anos procuro achar o ponto fixo e aqui o acho e ali me escapa. Quando acredito que já o encontrei e que não pode escapar de mim, quando menos espero me encontro tão distante dele que me admiro. O mesmo me acontece com a quadratura do círculo: cheguei tão perto de achá-la, que não sei como não a tenho no bolso. Minha pena é semelhante a de Tântalo, que está perto do fruto e morre de fome e, do lado da água e morre de sede. Em alguns momentos acho que alcancei a verdade e, em minutos, me encontro tão longe dela, que volto a subir o monte que acabei de descer, com o meu trabalho nas costas, como um novo Sísifo".

Até este momento o conselheiro não tinha dito nada e, então, rompeu o silêncio dizendo: "São quatro queixosos que podem ser do Grande Turco, que juntou neste hospital a pobreza. Renego ofícios e exercícios que nem entretêm e nem dão de comer a seus donos. Eu, senhores, sou conselheiro, e dei a Nossa Majestade, em diferentes tempos, muitos e variados conselhos, todos para o seu proveito e sem prejudicar o reino. Agora fiz um memorial no qual lhe peço que me indique a pessoa com quem possa falar sobre um novo conselho que tenho: ele será a total restauração de seus empenhos, mas, pelo que já me aconteceu com outros memoriais, é bem provável que este também morra na casca. Mas, para que os senhores não me tomem por mentecapto, ainda que a partir desse momento o meu arbítrio se torne público, quero contar-lhes qual é: deve-se pedir nas Cortes que todos os vassalos do Rei, com idade entre quatorze e sessenta anos, sejam obrigados a jejuar pão e água uma vez por mês e isto deve ser no dia em que se designar. Todos os gastos que teriam naquele dia com fruta, carne, peixe, vinho, ovos e legumes, devem ser convertidos em dinheiro e entregues ao Rei, sem faltar um centavo, sob juramento. Com isto, em vinte anos fica livre de dívidas e desempenhado. Porque se se faz a conta, como eu já fiz, na Espanha, há mais de três milhões de pessoas com estas idades (além dos doentes, dos mais velhos e mais jovens) e nenhum deles deixará de gastar, isto contando por baixo, a cada dia um real e meio. Eu não quero que seja mais de um real, mas também não pode ser menos. Os senhores acham que seria pouco arrecadar todo mês três milhões de reais limpos? E isso seria de proveito para os jejuadores, porque, com o jejum, agradariam ao céu e serviriam ao Rei. Além disso, jejuar poderia ser conveniente para a saúde deles. Este é um arbítrio limpo e podia ser recolhido pelas paróquias, sem a necessidade de comissários, que acabam com a república. Todos riram do arbítrio e do arbitrista e ele também riu dos seus disparates. E eu fiquei admirado de tê-los escutado e de ver que, na sua grande maioria, os que tinham semelhante humor acabavam morrendo nos hospitais".

CIPIÃO – Você tem razão, Berganza. Veja se você ainda tem alguma coisa para contar.

BERGANZA – Só mais duas coisas. Com elas darei fim à minha fala, porque acho que já se aproxima o dia.

Uma noite, acompanhando o meu dono para pedir esmola, fui até a casa do corregedor desta cidade, que é um grande cavalheiro e um grande cristão. Nós o encontramos sozinho e achei que aquela era a ocasião para falar algumas coisas que tinha escutado de um velho doente deste hospital, sobre como se podia remediar a perdição tão notória das jovens vagabundas. Por causa delas, no verão, os hospitais ficam povoados pelos perdidos que as seguem. Praga intolerável, que pedia rápido e eficaz remédio. Querendo dizer-lhe tudo isso, levantei a voz, pensando que podia falar. Ao invés de pronunciar palavras, ladrei tão rápido e tão alto que, bravo, o corregedor gritou para que seus criados me tirassem da sala a pauladas. Um escravo, que atendeu ao grito do seu senhor, e que teria sido melhor que estivesse surdo, me bateu com um cantil de cobre que tinha na mão. Acertou a minha costela e até hoje guardo a lembrança daqueles golpes.

CIPIÃO – E você se queixa disso, Berganza?

O Colóquio dos Cachorros 123

BERGANZA — E como não vou me queixar se até hoje me dói e se acho que minha boa intenção não merecia tal castigo?

CIPIÃO — Veja, Berganza, ninguém deve se meter onde não o chamam, nem deve querer usar da autoridade que não lhe cabe. E você deve considerar que o conselho do pobre nunca, por melhor que seja, é admitido. Nem o pobre humilde deve ter a presunção de aconselhar os grandes e os que pensam que sabem tudo. A sabedoria está escondida no pobre, porque a necessidade e a miséria são as sombras e as nuvens que a escurecem e, se por acaso se descobre, consideram-na bobagem e tratam-na com menosprezo.

BERGANZA — Você tem razão e, censurando meus pensamentos, daqui para frente seguirei seus conselhos.

Uma noite entrei na casa de uma ilustre senhora, que tinha em seus braços uma cachorrinha destas que chamam de cachorro de saia, tão pequena que poderia escondê-la entre os seios. Quando me viu, pulou dos braços da sua dona e veio ladrando em minha direção, com tanta coragem, que não parou até morder uma de minhas patas. Olhei-a com respeito e com raiva e disse para mim mesmo: "Se eu o pegasse na rua, animalzinho ruim, ou não lhe daria atenção ou lhe faria pedaços entre meus dentes". Considerei, com esta situação, que até os covardes são atrevidos e insolentes e ofendem aos que valem mais do que eles quando são favorecidos.

CIPIÃO — Uma mostra de que é verdade o que você está dizendo são alguns homenzinhos que, à sombra de seus amos, atrevem-se a ser insolentes. Se acaso a morte ou outro acidente do destino derruba a árvore onde se encostam, logo se descobre e se manifesta seu pouco valor, porque as suas coisas não valem mais do que as que lhes dão seus amos e defensores. A virtude e o entendimento sempre são um: nu ou vestido, sozinho ou acompanhado. É certo que se pode padecer sobre a estima das pessoas, mas não na realidade verdadeira do que merece e vale. Com tudo isto, ponhamos fim a esta conversa, que a luz que entra por estas frestas demonstra que o dia já vem chegando. Na noite que vem, se este grande benefício da fala não nos abandona, será a minha vez de contar-lhe a minha vida.

BERGANZA – Que assim seja. Nós nos encontramos aqui no mesmo lugar.

As Duas Donzelas

A cinco léguas da cidade de Sevilha há um lugar chamado Castiblanco. Ao anoitecer, em uma das muitas pousadas desta cidade, entrou um andarilho estrangeiro montado em um bonito cavalo. Não vinha com nenhum criado e, sem esperar que lhe segurassem o estribo, desceu com grande ligeireza.

O dono da pousada logo se aproximou, porque era homem diligente e atencioso, mas não foi tão rápido e encontrou o andarilho já sentado em um banco de pedra que havia na porta, desabotoando apressadamente os botões do peito. Depois disso, o andarilho deixou os braços caírem ao lado do corpo, dando claro indício de que ia desmaiar. A dona da pousada, que era muito bondosa, aproximou-se dele e, jogando-lhe água no rosto, fez com que ele voltasse ao entendimento. Demonstrando que não tinha gostado que lhe vissem naquele estado, voltou a abotoar a blusa, pedindo que lhe dessem um quarto para que pudesse se recolher e que, se fosse possível, sozinho.

A dona da pousada disse que só tinha um quarto disponível em toda a casa e que nele havia duas camas. Assim, se chegasse algum hóspede, seria necessário acomodá-lo na outra cama. O andarilho respondeu que pagaria pelos dois leitos, viesse ou não outro hóspede. Tirando um escudo de ouro do bolso, entregou-o para a dona da pousada, como condição de que ninguém ocupasse o leito vazio.

A dona da pousada se alegrou com o pagamento e prometeu fazer o que lhe pedia, mesmo que fosse o Aldeão de Sevilha que chegasse aquela noite na casa. Perguntou-lhe se queria jantar, respondeu que não, que só queria que cuidassem muito bem do seu cavalo. Pediu a chave do quarto e, levando consigo umas grandes bolsas de couro, entrou e fechou a porta com chave e, pelo que pareceu, colocou duas cadeiras na frente dela.

Mal tinha entrado no quarto, reuniram-se o dono e a dona da pousada, o criado da cevada e dois vizinhos que estavam ali por acaso e começaram a falar da grande beleza e galante aparência do novo hóspede, concluindo que nunca tinham visto nada parecido.

Tentaram adivinhar a sua idade e acharam que tinha entre dezesseis e dezessete anos. Fizeram várias suposições sobre qual teria sido a causa do seu desmaio, mas como não a encontraram, ficaram com a admiração de sua beleza.

Os vizinhos voltaram para as suas casas, o dono da pousada foi alimentar o cavalo e a dona, preparar alguma coisa para o jantar, caso chegassem outros hóspedes. Não demorou muito e entrou outro, um pouco mais velho que o primeiro, mas não menos galante. Assim que a dona da pousada o viu, disse:

— Valha-me Deus! O que é isso? Por acaso, esta noite, os anjos vieram pousar na minha casa?

— Por que diz isso, senhora? — disse o cavaleiro.

— Por nada, senhor — respondeu a dona da pousada. Somente lhe digo que não apeie, porque não tenho cama para dar-lhe. As duas que tinha foram ocupadas pelo cavaleiro que está naquele quarto. Ainda que não precisasse mais do que uma, pagou-me pelas duas, porque não quer que ninguém entre. Deve gostar da solidão e, por Deus e por minha alma, não sei o motivo, porque não tem rosto nem aparência que deva ser escondida, mas, pelo contrário, para que todo mundo veja e bendiga.

— Tão bonito é, senhora? — respondeu o cavaleiro.

— E como! — disse ela — Mais do que bonito!

— Segure aqui, criado — disse a esta altura o cavaleiro — porque, ainda que tenha que dormir no chão, quero ver este homem tão admirado.

E entregando o estribo ao criado de mulas que o acompanhava, apeou e pediu que lhe servissem algo para jantar. E assim foi feito. Enquanto jantava, entrou um soldado do povoado (como é habitual nos lugares pequenos) e sentou-se para conversar com o cavaleiro. Entre palavra e palavra, bebeu três copos de vinho e roeu um peito e uma coxa de perdiz, dados pelo cavaleiro. Perguntou-lhe sobre as novidades da Corte, das Guerras de Flandres, da descida do Turco, não se esquecendo dos sucessos do Transilvano.

O cavaleiro jantava quieto, porque não sabia como responder às perguntas. Nisto chegou o dono da pousada, que tinha acabado de cuidar do cavalo. Sentou-se para participar da conversa e tomar do vinho não menos tragos do que o soldado. A cada trago que dava, virava a cabeça sobre o ombro esquerdo e elogiava o vinho, colocando-o nas nuvens, ainda que não se atrevesse a deixá-lo tanto tempo nelas para que não aguasse. De trago em trago, voltaram a falar do hóspede trancado e contaram do seu desmaio e de que não quis jantar nada. Ponderaram sobre a beleza das bolsas, a qualidade do cavalo e a sua vistosa vestimenta:

tudo isso requeria que não viesse sem criado a seu serviço. Todos estes exageros aumentaram o desejo do cavaleiro de vê-lo e rogou ao dono da pousada que lhe fizesse entrar para dormir na outra cama, que por isso lhe daria um escudo de ouro. Ainda que a cobiça do dinheiro tivesse atiçado o dono da pousada, disse que era impossível, porque estava fechado por dentro e não se atrevia a acordá-lo, porque tinha pagado os dois leitos. O soldado facilitou toda a situação dizendo:

— O que podemos fazer é eu bater na porta dizendo que sou da justiça, que a mando do senhor prefeito trago este cavaleiro para que se hospede aqui e que, não tendo outra cama, ocupe aquela. O hóspede responderá que é um agravo, porque já está locada e não há porque tirá-la dele. Assim o dono da pousada não será o responsável e o senhor alcançará o que quer.

Todos acharam bom o plano do soldado e, por ele, o desejoso cavaleiro pagou quatro reais.

Puseram-lhe logo em prática. Resumidamente, mostrando grande respeito, o primeiro hóspede abriu a porta para a justiça e o segundo, pedindo-lhe desculpas pelo incômodo, foi deitar-se no leito desocupado. O outro nem sequer lhe respondeu com uma palavra, nem lhe mostrou o rosto já que, mal abrindo a porta, voltou para a cama deitado virado para a parede e, para não responder, fingia que estava dormindo. O segundo deitou, esperando que pela manhã, quando se levantassem, seu desejo se concretizasse.

Era uma daquelas noites longas e preguiçosas de dezembro e o frio e o cansaço do caminho forçavam a procura do repouso. Como o primeiro hóspede não conseguia descansar, pouco depois da meia noite, começou a suspirar tão amargamente que em cada suspiro parecia que soltava a sua alma. Era de tal maneira que, embora o segundo dormisse, acordou com o lastimoso som do que se queixava. Admirado pelos soluços que acompanhavam os suspiros, começou a escutar atentamente o que o outro parecia murmurar para si. O quarto estava escuro e as camas bem afastadas, mas nem por isso deixou de ouvir, entre outros argumentos, estes que, com voz debilitada, o primeiro hóspede dizia:

— Ai desafortunado! Aonde me leva a força incontestável do meu destino? Qual é o meu caminho ou que saída espero encontrar no intrincado labirinto em que me encontro? Ah, poucos e mal vividos anos, incapazes de uma boa razão e entendimento! Qual será o fim desta minha peregrinação? Ai honra menosprezada! Ai amor mal agradecido! Ai respeito de pais honrados e parentes caídos! Ai de mim, mil e uma vezes, que me deixei levar pelos meus desejos! Ó palavras tão mentirosas que com tanta verdade me obrigaram que com obras as respondesse! Mas, de quem me queixo? Não sou eu a que se quis enganar? Não fui eu quem pegou a faca com as próprias mãos, cortou e jogou por terra o seu crédito, com o valor que me tinham dado meus pais? Ó falso Marco Antônio! Como é possível que entre as doces palavras que me dizia estivesse escondido o fel de sua descortesia e desdém? Onde está ingrato? Para onde foi, desconhecido? Responda-me, porque falo com você; espera-me, porque lhe sigo; sustenta-me, porque caio; paga-me, porque você me deve; socorre-me, porque lhe tenho obrigado por tantas vias.

Depois de dizer tudo isso, calou-se, mas os seus ais e os suspiros demonstravam que seus olhos não deixavam de derramar ternas lágrimas. Tudo isso, em silêncio, ficou escutando o segundo hóspede, inferindo, pelos argumentos que tinha escutado que, sem nenhuma dúvida, era uma mulher a que se queixava, o que avivou ainda mais o seu desejo de conhecê-la. Determinou-se muitas vezes a ir até a cama da que acreditava ser mulher e o teria feito se naquele momento não tivesse percebido que ela se levantava. Abrindo a porta da sala, gritou para o dono da pousada que encilhasse o seu cavalo, porque queria partir. Um bom tempo depois de ser chamado, respondeu-lhe que sossegasse, porque ainda não tinha passado da meia noite e a escuridão era tanta que era perigoso sair. Aquietou-se com as suas palavras e, voltando a fechar a porta, jogou-se na cama, dando um forte suspiro.

O que escutava achou que seria bom falar com ela e oferecer-se para ajudar no que fosse possível. Com isso, diria quem era e contaria a sua triste história. E, então, lhe disse:

— Caro senhor, se os suspiros que deu e as palavras que disse não me movessem a condoer-me do mal que sofre, acharia que careço de sentimento, ou que minha alma é de pedra e meu peito de bronze duro. Se esta compaixão que tenho pelo senhor e a disposição de colocar a minha vida a seu serviço merece alguma cortesia em recompensa, peço que me conte, sem encobrir nada, a causa da sua dor.

— Se ela não tivesse me tirado a razão — respondeu o que se queixava — deveria ter me lembrado que não estava sozinho no quarto e assim teria colocado freio na minha língua e dado trégua aos meus suspiros. Mas, pagando por ter me faltado a memória no que tanto me importa tê-la, quero fazer o que me pede, porque renovando a amarga história das minhas desgraças, poderia ser que me alcançasse um outro sentimento. Se quiser que eu faça o que me pede, deve prometer, pela fé que demonstrou no oferecimento que me fez e por quem é (que, pelo que mostra em suas palavras, é muito) que, escutando as coisas que eu lhe diga, não se moverá da sua cama para vir até a minha, nem me perguntará mais do que eu quero contar-lhe, porque, do contrário, se eu sentir que o senhor se mexe, transpassarei o meu peito com uma espada que tenho na cabeceira.

O outro, que prometeria mil impossibilidades só para saber o que desejava, respondeu-lhe que respeitaria tudo o que tinha pedido, confirmando-o com mil juramentos.

— Com essa segurança, então — disse o primeiro — farei o que até agora não fiz, que é contar a minha vida para alguém. Escute: "Deve saber, senhor, que eu, que entrei nesta pousada, como seguramente lhe disseram, com traje de homem, sou uma donzela desafortunada: ou pelo menos era uma, até oito dias atrás, e deixei de sê-lo por inadvertida e louca e por acreditar nas palavras feitas e enfeitadas de homens falsos. Meu nome é Teodósia, minha pátria, um importante lugar desta Andaluzia, cujo nome calo (porque não lhe importa tanto saber quanto a mim ocultá-lo). Meus pais são nobres e consideravelmente ricos, tiveram um filho e uma filha: ele, para descanso e honra de seus pais e ela, para todo o contrário. Mandaram o filho estudar em Salamanca e me criaram em casa, com o recolhimento e o recato que a sua nobreza pedia. Eu, sem nenhuma dificuldade, sempre fui obediente, fazendo da vontade deles a minha, sem discordar de nada, até que a minha sorte minguada ou o meu muito atrevimento, me colocou diante dos olhos o filho de um vizinho nosso, mais rico que meus pais e tão nobre quanto eles.

Na primeira vez que o vi senti uma enorme satisfação porque a sua gala, a sua gentileza, o seu rosto, os seus modos, a sua discrição e cortesia eram exaltados por todos. Mas, de que me vale elogiar o meu inimigo e ir alongando com argumentos o que me aconteceu ou, melhor dizendo, o princípio da minha loucura? Digo, resumidamente, que ele me viu muitas vezes de uma janela que estava na frente de uma minha. Dali, ao meu parecer, mandou-me a sua alma pelos olhos e os meus, de modo diferente que da primeira vez, gostaram de olhá-lo e me forçaram a acreditar que eram verdades tudo o que lia no seu rosto e nos seus gestos. A visão foi intercessora da fala; a fala, de declarar o seu desejo; seu desejo, de acender o meu e de acreditar no dele. Chegaram as promessas, as juras, as lágrimas, os suspiros e tudo aquilo que faz um amante para dar a entender a verdade de sua vontade e a firmeza do seu peito. Em mim, infeliz (que jamais tinha passado por situação semelhante), cada palavra era um tiro de artilharia que derrubava parte da fortaleza da minha honra. Cada lágrima era um fogo no qual se queimava a minha honestidade; cada suspiro, um furioso vento que o incêndio aumentava, de tal maneira que acabou consumindo a virtude que até então não tinha sido tocada. Finalmente, com a promessa de que seria meu esposo, apesar da vontade de seus pais, que para outra lhe guardavam, abri mão de todo o meu recato e, sem saber como, me entreguei a ele, sem ter como outro testemunho de meu desatino um criado de Marco Antônio, porque este é o nome do que inquieta a minha alma. Tendo tomado de mim o que quis, dois dias depois desapareceu da cidade, sem que seus pais ou qualquer outra pessoa soubesse dizer ou imaginar para onde tinha ido.

E eu fiquei, diga-o quem tiver poder para dizê-lo, sem razão. Castiguei os meus cabelos, como se eles fossem os culpados do meu erro; martirizei o meu rosto, por achar que ele tinha dado ocasião à minha desventura; maldisse a minha sorte, acusei a minha rápida determinação, derramei infinitas lágrimas, me vi quase afogada entre elas e entre os suspiros que saíam do meu peito lastimado. Queixei-me em silêncio aos céus, conversei com a minha imaginação para tentar descobrir alguma solução e a que encontrei foi a de me vestir como homem, sair da casa dos meus pais e procurar este segundo Eneias, este cruel e malvado Vireno, este usurpador dos meus bons pensamentos e legítimas e bem fundadas esperanças.

E assim, sem me aprofundar muito nos meus discursos, oferecendo-me a sorte uma roupa do meu irmão e um cavalo do meu pai, encilhei-o e, em uma noite escura, saí de casa com a intenção de ir até Salamanca, onde, segundo dizem, deve estar Marco Antônio, porque também é estudante e amigo do meu irmão. Não deixei de pegar uma quantidade de dinheiro em ouro para tudo aquilo que pudesse me acontecer nessa impensada viagem. O que mais me preocupa é que meus pais vão me seguir e me encontrar pelos sinais da roupa e do cavalo com que venho. Embora não os tema, temo a meu irmão, que está em Salamanca. Se me reconhecer, o senhor pode imaginar o risco em que estará colocada a minha vida porque, ainda que ele escute as minhas desculpas, a sua honra é maior do que todas as explicações que eu possa dar.

Por isso, o meu principal objetivo, ainda que perca a vida, é encontrar o sem alma do meu esposo. Ele não pode negar que o seja, sem ser desmentido pelo que deixou comigo, que é um anel de diamantes com umas cifras que dizem: MARCO ANTÔNIO É ESPOSO DE TEODÓSIA. Se o encontrar, saberei dele o que viu em mim que tão rápido decidiu abandonar-me. Resumindo, farei com que cumpra a palavra e a fé prometida ou lhe tirarei a vida, mostrando-me tão rápida à vingança como o fui para o agravo, porque a nobreza do sangue que meus pais me deram me despertam os brios que me prometem ou uma solução ou uma vingança pelo meu agravo. Esta é, senhor cavaleiro, a verdadeira e desafortunada história que queria saber, que será suficiente para desculpar os suspiros e as palavras que lhe acordaram. O que lhe suplico é que, já que não pode solucionar o meu problema, pelo menos me aconselhe como posso fugir dos perigos que me ameaçam, diminuir o medo de ser encontrada e pensar na maneira de alcançar o que tanto desejo e mereço.

Durante um bom tempo ficou em silêncio o que estava escutando a história da apaixonada Teodósia e foi tanto que ela pensou que estava dormindo e que não tinha ouvido nada. Para certificar-se da sua suspeita, disse-lhe:

— Está dormindo, senhor? Não seria estranho que dormisse, porque o apaixonado que conta as suas desgraças para quem não as sente, é mais motivo de sono do que de pena.

— Não estou dormindo — respondeu o cavaleiro — ao contrário, estou tão acordado e sinto tanto pelo seu infortúnio que posso dizer que me angustia e dói no mesmo grau que à senhora. Por isso, não só lhe aconselharei, mas lhe ajudarei em tudo aquilo que as minhas forças alcançarem. O modo como me contou o acontecido demonstra o raro entendimento de que é dotada e, por isso, a sua vontade deve tê-la enganado mais do que as persuasões de Marco Antônio. Também desculpam o seu erro os seus poucos anos, nos quais não cabe ter experiência sobre os muitos enganos dos homens. Acalme-se, senhora, e, se conseguir, durma o pouco que resta desta noite porque, amanhecendo, conversaremos e veremos qual a melhor saída para a sua situação.

Teodósia lhe agradeceu da melhor maneira que pôde e tentou descansar um pouco, para deixar que o cavaleiro dormisse. Ele não conseguiu sossegar e começou a mexer-se na cama e a suspirar de um jeito que Teódosia se sentiu obrigada a perguntar o que acontecia, que se fosse alguma coisa que ela pudesse ajudar o faria com a mesma disposição com que ele tinha se oferecido a ajudá-la. Respondeu-lhe o cavaleiro:

— Como a senhora é a causa do desassossego que sinto, não pode remediá-lo porque, se pudesse, eu não estaria sofrendo.

Teodósia não entendeu o confuso argumento, mas suspeitou que alguma paixão lhe incomodava e pensou que ela era a causa. A suspeita e o pensamento eram cabidos, porque a comodidade do quarto, a solidão e a escuridão, o saber que era mulher, poderiam ter despertado no cavaleiro algum mau pensamento. Temerosa de que isso tivesse acontecido vestiu-se rapidamente e segurou a sua espada e adaga. Daquele jeito, sentada na cama, esperou o amanhecer, que em pouco tempo deu sinal de sua vinda, com a luz que entrava pelas muitas frestas que existem nos quartos das pousadas e vendas. O cavaleiro tinha feito o mesmo que Teodósia e, mal tendo visto o quarto invadido pela luz do dia, levantou-se da cama dizendo:

— Levante-se, senhora Teodósia. Quero acompanhá-la nesta missão e não deixarei que saia do meu lado até que tenha Marco Antônio por legítimo esposo ou que ele ou eu percamos a vida. E agora veja o motivo e a obrigação porque lhe acompanho em sua desgraça.

Dizendo isto, abriu as portas e as janelas do quarto.

Teodósia estava desejando ver a luz e, com ela, o porte daquele com quem tinha conversado durante toda a noite. Mas, quando o viu e o reconheceu, desejou que jamais tivesse amanhecido, mas que seus olhos tivessem ficado em uma noite perpétua. Mal tendo o cavaleiro virado os olhos para vê-la (porque também desejava fazê-lo), viu que era o seu irmão, a quem tanto temia. Tendo-o reconhecido, quase desmaiou. Ficou muda e sem cor, mas tirando coragem do medo e discrição do perigo, tomando a adaga, ajoelhou-se diante dele, dizendo com voz confusa e temerosa:

— Tome, senhor e querido irmão, e castiga-me com esse ferro pelo erro cometido, satisfazendo a sua ofensa, porque tão grande erro como o meu não merece nenhuma misericórdia. Confesso o meu pecado e não quero que me sirva de desculpa o meu arrependimento. Suplico que a pena seja a de tirar-me a vida e não a honra, porque já que a coloquei em perigo ausentando-me da casa dos meus pais, não será sabida se o castigo que me der for este.

Seu irmão a olhava e, ainda que a soltura do seu atrevimento lhe incitasse a vingança, as ternas e eficazes palavras com as quais Teodósia manifestava a sua culpa lhe abrandaram de tal maneira o coração que, com rosto amável e semblante pacífico, levantou-a do chão e a consolou da melhor maneira que pode e soube, dizendo-lhe, entre outras coisas, que por não encontrar um castigo tão grande como a sua loucura, não a castigaria naquele momento. Por isso e também porque pensava que a sorte não tinha fechado de todo as suas portas, queria procurá-la por todas as vias possíveis, mais do que se vingar da ofensa de sua leviandade.

Com estas palavras Teodósia recobrou o ânimo: voltou a cor do seu rosto e reviveram as suas mortas esperanças. Dom Rafael (que assim se chamava o seu irmão) não quis mais falar sobre o acontecido, somente lhe disse que trocasse o nome de Teodósia por Teodoro e que fossem logo, os dois juntos, para Salamanca procurar Marco Antônio. Ele achava que não o encontrariam lá, porque, sendo seu amigo, o procuraria, mas também era possível que a ofensa cometida o emudecesse e lhe tirasse a vontade de visitá-lo. O novo Teodoro acatou tudo o que seu irmão dispôs. O dono da pousada entrou no quarto e lhe ordenaram que lhes desse alguma coisa para comer porque queriam partir logo.

Enquanto o moço de mulas encilhava os cavalos e o almoço era servido, entrou na pousada um fidalgo que por ali passava, e logo foi reconhecido por Dom Rafael. Teodoro também lhe conhecia e não ousou sair do quarto para não ser visto. O fidalgo e Dom Rafael se abraçaram e este perguntou ao recém chegado as novidades de onde vinha. Ele respondeu que vinha do Porto de Santa Maria, onde deixava quatro embarcações que partiriam para Nápoles e que, em uma delas, tinha visto embarcado Marco Antônio Adorno, o filho de Dom Leonardo Adorno. Dom Rafael se alegrou com o que ouviu pensando que, se tão sem querer tinha recebido notícias do que tanto lhe interessava, era sinal de que tudo sairia bem. Rogou ao amigo que trocasse com ele o cavalo de seu pai (que conhecia muito bem) pela mula que o levava, já que ia até Salamanca e não queria levar tão bom cavalo por tão longo caminho. O outro, que era comedido e amigo, contentou-se com a troca e se encarregou de entregar o cavalo ao pai de Dom Rafael. Almoçaram juntos e Teodoro sozinho. Chegada a hora da partida, o amigo pegou o caminho para Cazalla, onde tinha uma rica propriedade.

Dom Rafael não partiu com ele e para escapar do amigo lhe disse que precisava voltar para Sevilha naquele mesmo dia. Tendo visto a sua partida, estando em ordem os cavalos, feita a conta e o pagamento ao dono da pousada, dizendo adeus, saíram, deixando todos admirados pela sua beleza e porte, porque Dom Rafael não tinha menor graça, brio e compostura do que a sua irmã, beleza e elegância.

Na saída, Dom Rafael contou para Teodósia as notícias que tinha sabido de Marco Antônio. Disse-lhe que deveriam caminhar com cuidado até Barcelona, onde param por alguns dias as galeras que vão para a Itália ou chegam à Espanha. Se elas ainda não tivessem chegado, poderiam esperá-las e, com certeza, encontrariam Marco Antônio. Sua irmã lhe respondeu que fizesse o que achasse melhor, porque o seu desejo era o mesmo que o dele.

Dom Rafael disse ao moço de mulas que lhes acompanhava que tivesse paciência, porque tinham que ir até Barcelona, assegurando-lhe que lhe pagaria a seu contento todo o tempo que andasse com eles. O moço, que gostava do seu trabalho e conhecia a generosidade de Dom Rafael, respondeu que lhe acompanharia e serviria até o final do mundo. Dom Rafael perguntou à sua irmã quanto tinha de dinheiro. Respondeu que não tinha contado e que só sabia que tinha colocado a mão na gaveta do seu pai umas sete ou oito vezes e a tirado de lá cheia de escudos de ouro. Pelo que disse, Dom Rafael imaginou que teria uns quinhentos escudos, que com os duzentos que ele tinha e uma corrente de ouro que usava, era o suficiente para irem despreocupados de dinheiro e convencidos de que encontrariam Marco Antônio em Barcelona.

Assim, apressaram-se caminhando sem perder tempo. Sem passarem por nenhum imprevisto, chegaram a duas léguas de um lugar que está a nove de Barcelona e que se chama Igualada.

Pelo caminho souberam que um cavaleiro, que ia de embaixador a Roma, estava em Barcelona esperando as galeras, que ainda não tinham chegado, novidade que lhes deu muita alegria. Com ela caminharam até a entrada de um pequeno bosque, que estava no caminho. Dele viram sair um homem, correndo e olhando para trás, espantado. Dom Rafael se colocou diante dele e disse:

— Por que foge, bom homem? O que aconteceu para sair assim tão rápido e com cara de medo?

— Como não querem que saia rápido e com medo — respondeu o homem — se por milagre escapei de uns bandoleiros que estão neste bosque?

— Mal! — disse o moço de mulas — Mal vive Deus! Bandoleirinhos a esta hora? Pelas almas, eles acabarão conosco!

— Não se aflija, irmão — respondeu o que saiu do bosque — porque os bandoleiros já foram e deixaram amarrados, seminus, nas árvores deste bosque mais de trinta passantes. Apenas um homem ficou livre para desamarrar a todos os outros depois de que os bandoleiros tivessem passado a montanha e lhe fizessem um sinal.

— Se é assim — disse Calvete, este era o nome do criado de mulas — podemos passar tranquilamente, porque os bandoleiros não voltam ao lugar que fizeram um assalto por alguns dias e posso assegurar isto como aquele que caiu duas vezes nas mãos deles e sabe de cor seus usos e costumes.

— Isto mesmo — disse o homem.

Tendo escutado isso, Dom Rafael decidiu continuar e, sem andar muito, encontraram os atados, que eram mais de quarenta, sendo desamarrados pelo que tinha ficado solto. Vê-los era um espetáculo estranho: uns estavam completamente nus, outros com as roupas rasgadas dos bandoleiros; uns choravam pelo roubo, outros riam de ver os estranhos trajes dos demais; um calculava detalhadamente o que tinha sido roubado, outro dizia que o que levavam pesava mais do que uma caixa de *Agnus Dei* trazida de Roma. Enfim, tudo o que ali se via era pranto e gemidos dos miseráveis despojados. Tudo isto observavam os dois irmãos, com não menos pesar, agradecendo aos céus por tê-los livrado de tão grande e próximo perigo. Mas quem lhes causou maior compaixão, especialmente a Teodoro, foi um menino que aparentava ter uns dezesseis anos, amarrado em um tronco, usando uma camisa e uma calça de pano muito feias, mas com um rosto tão bonito que levava todos a olhá-lo.

Teodoro desceu do seu cavalo e foi desamarrá-lo. Ele lhe agradeceu com corteses argumentos o favor recebido. Para fazê-lo ainda maior, Teodoro pediu a Calvete, o criado de mulas, que emprestasse a sua capa ao rapaz até o primeiro lugar em que lhe pudessem comprar uma. Calvete a entregou e Teodoro cobriu o moço com ela, perguntando-lhe de onde era, de onde vinha e para onde caminhava.

Dom Rafael estava presente em tudo isso. O rapaz respondeu que era da Andaluzia e de um lugar que, quando o nomeou, perceberam que estava a duas léguas do deles. Disse que vinha de Sevilha e que seu desejo era ir para a Itália para experimentar a sorte nas armas, como muitos outros espanhóis. Pensava que a sua sorte não era tanta, porque tinha caído nas mãos dos bandoleiros que lhe levaram uma boa quantidade de dinheiro e as suas roupas e que não conseguiria comprar outras tão boas por menos de trezentos escudos. Mesmo assim, pensava seguir seu caminho, porque não descendia de uma linhagem que desiste do seu fervoroso desejo no primeiro infortúnio.

Os bons argumentos do rapaz, unidos ao terem ouvido que era de lugar tão próximo ao deles, além da carta de recomendação que era a sua beleza, fizeram com que os dois irmãos tivessem o desejo de ajudá-lo em tudo o quanto pudessem. Repartindo entre os que mais necessitavam, especialmente entre freis e clérigos (que ali havia mais de oito) certa quantidade de dinheiro, fizeram com que o rapaz subisse na mula de Calvete. Sem deter-se mais, em pouco tempo chegaram a Igualada, onde souberam que as galeras tinham aportado em Barcelona no dia anterior e que partiriam dentro de dois dias, se a pouca segurança da praia não os forçasse a partir antes.

Estas novas fizeram com que, na manhã seguinte, levantassem antes do sol, já que não dormiram aquela noite inteira sem sobressaltos. A causa foi que, estando à mesa, e com eles o rapaz que tinham desatado, Teodoro o olhou muito atenta e detidamente. Pareceu-lhe que tinha as orelhas furadas. Com isto e com o seu olhar envergonhado, suspeitou que deveria ser mulher e desejou terminar o jantar para certificar-se de sua suspeita. Durante o jantar, Dom Rafael perguntou de quem era filho, porque ele conhecia todos os nobres da região de onde ele vinha. O jovem respondeu que era filho de Dom Enrique de Cárdenas, um cavaleiro muito conhecido. Dom Rafael disse que conhecia muito bem Dom Enrique de Cárdenas, que sabia que não tinha nenhum filho e estava certo disto, mas que se o rapaz tinha dito isso para não revelar quem eram os seus pais, não lhe importava e nunca mais lhe perguntaria.

— É verdade — respondeu o rapaz — Dom Enrique não tem filhos, quem os tem é seu irmão Dom Sancho.

— Este também não tem filhos — respondeu Dom Rafael — mas uma única filha, que dizem que é uma das mais belas donzelas da

Andaluzia. Isso só sei por ouvir dizer porque, ainda que tenha estado muitas vezes na sua cidade, jamais a vi.

— Tudo o que o senhor diz é verdade — respondeu o rapaz. Dom Sancho tem uma única filha, mas não tão bonita como diz a sua fama. Se lhe disse que era filho de Dom Enrique, foi para que me considerasse alguma coisa, pois, na verdade, sou filho de um criado que serve a Dom Sancho há muitos anos. Eu nasci na sua casa e por certo desgosto que dei a meu pai, tendo-lhe roubado uma boa quantidade de dinheiro, quis ir à Itália, como já disse, seguir o caminho da guerra pela qual se fazem nobres até os de linhagem escura.

Teodoro prestava atenção em todos estes argumentos e, no modo como os dizia, ia confirmando a sua suspeita.

Terminou o jantar, tiraram as toalhas e, enquanto Dom Rafael trocava de roupa, tendo-lhe dito Teodoro o que suspeitava, com o seu consentimento, afastou-se com o rapaz até uma grande janela que dava para a rua. De frente para ele, começou a falar:

— Queria, senhor Francisco — porque assim disse que se chamava — ter-lhe feito tantas coisas boas que não pudesse negar-me qualquer coisa que quisesse ou pudesse pedir-lhe, mas o pouco tempo que nos conhecemos não dá ocasião para isto. Pode ser que no que está por vir conheça todos os meus desejos e se o que agora tenho o senhor não queira satisfazer, nem por isso deixarei de ser seu servidor. Antes que o revele saiba que, apesar de ter tão poucos anos como o senhor, tenho mais experiência de mundo do que os anos que tenho e, por ela, suspeito que o senhor não é varão, como demonstra o seu traje, mas mulher e tão bem nascida como a sua beleza manifesta e quem sabe, tão desafortunada quanto dá a entender a mudança de traje, porque tais mudanças jamais são para o bem de quem as faz. Se for verdadeira a minha suspeita, diga-me. Juro-lhe, pela fé de cavaleiro que professo, ajudá-lo e servi-lo em tudo o que eu puder. O senhor não pode me negar que é mulher, porque nas suas orelhas a verdade se vê claramente. Foi descuidada em não fechar e dissimular estes buracos com alguma cera cor da pele. Poderia ser que outro tão curioso como eu e não tão honrado, trouxesse à luz, o que soube esconder tão mal. Não duvide em me dizer quem é e em troca lhe ofereço a minha ajuda e asseguro-lhe guardar o seu segredo.

O rapaz escutava atentamente o que lhe dizia Teodoro. Vendo que calava, antes de responder qualquer palavra, tomou as suas mãos e, levando-as até a boca, beijou-as com força e banhou-as com uma enorme quantidade de lágrimas, que seus lindos olhos derramavam. Tudo isto causou um estranho sentimento em Teodoro de modo que não conseguiu deixar de acompanhá-la em suas lágrimas (condição própria e natural das mulheres nobres, enternecer-se com os sentimentos e dificuldades alheias). Depois que conseguiu retirar as mãos da boca do rapaz, ficou atenta para ver o que lhe respondia. O rapaz, dando um profundo gemido, acompanhado de muitos suspiros, disse:

— Não quero, nem posso negar-lhe, senhor, que a sua suspeita é verdadeira: sou mulher e a mais desafortunada que colocaram no mundo. Pelo que já me fez e os oferecimentos que agora me faz, me obrigo a obedecer-lhe em tudo o que me mandar. Escute, porque eu lhe direi quem sou, se não está cansado de ouvir as desventuras alheias.

— Que eu viva sempre entre elas — respondeu Teodoro — se o gosto de conhecê-las não alcance a pena que me dá saber que são suas, porque já as sinto como minhas.

Voltando a abraçar-lhe e a fazer-lhe novos oferecimentos, o rapaz, um pouco mais sossegado, começou a dizer-lhe estas coisas:

— Sobre a minha pátria, a verdade eu disse; no que cabe a meus pais, não a disse, porque Dom Enrique não é meu pai, mas meu tio e seu irmão, Dom Sancho, meu pai: eu sou a filha desafortunada que seu irmão diz que Dom Sancho tem celebrada pela sua beleza, cujo engano e desengano pode ser visto na beleza que não tenho. Meu nome é Leocádia e o motivo da minha mudança de traje o senhor escutará agora.

A duas léguas da minha pátria está outra, considerada uma das mais ricas e ilustres da Andaluzia. Lá vive um nobre cavaleiro, que tem a sua origem nos nobres e antigos Adornos de Gênova. Este cavaleiro tem um filho e, se a fama não se adianta à verdade, como no meu caso, é um daqueles ilustres homens que podem ser desejados. Este, pela proximidade dos lugares, como também pelo gosto pela caça que compartilha com o meu pai, ia algumas vezes à minha casa e nela ficava durante cinco ou seis dias e todos eles, de dia e de noite, meu pai e ele passavam no campo. Em uma destas ocasiões, a fortuna, o amor ou minha pouca inteligência, derrubou-me do alto dos meus bons pensamentos para a baixeza do estado em que agora me encontro. Olhando mais do que era lícito para uma donzela, observando a gentileza e a discrição de Marco Antônio e considerando a sua linhagem e a quantidade de bens que o seu pai possuía, achei que se o tivesse por esposo, alcançaria toda a felicidade que desejava. Com este pensamento, comecei a olhá-lo com mais cuidado. Na verdade, deve ter sido com mais descuido porque ele se deu conta que eu o olhava. Não quis, e nem foi preciso, usar outra porta para entrar nos segredos do meu peito e roubar as melhores coisas da minha alma.

Mas não sei, senhor, porque lhe conto tão detalhadamente os meus amores, pois importam muito pouco ao caso. O que importa é contar-lhe de uma vez o que Marco Antônio, com muita disposição, conseguiu de mim: tendo-me dado sua fé e palavra, sob grandes e, a meu parecer, firmes e cristãos juramentos, de ser meu esposo, me ofereci para que fizesse comigo tudo o que quisesse. Não satisfeita com as suas palavras, com medo de que o vento as levasse, fiz com que as escrevesse em um papel, que ele me devolveu assinado, com tantas circunstâncias, que me satisfez. Recebido o papel, armei para que uma noite viesse da sua terra à minha e entrasse pelas portas do jardim até o meu quarto, onde sem nenhum sobressalto, poderia colher o fruto que somente para ele estava destinado. Finalmente chegou a noite tão desejada por mim...

Até aqui, Teodoro escutou calado, tendo a alma atenta às palavras de Leocádia. Cada uma delas feria-lhe a alma, especialmente quando escutou o nome de Marco Antônio e viu a peregrina beleza de Leocádia. Considerou, pelo modo que contava a sua história, grande o seu valor e a sua discrição. Mas, quando disse: "Chegou a noite desejada por mim", Teodoro esteve a ponto de perder a paciência e, sem poder fazer outra coisa, lhe sobressaiu a razão e disse:

— E então, quando chegou esta felicíssima noite, o que fez? Entrou pelas portas? Aproveitou-se da senhora? Confirmou o que tinha sido escrito no papel? Ficou contente de alcançar o que a senhora dizia que era dele? Seu pai o soube? Onde foram parar tão honestos e sábios princípios?

— Pararam — disse Leocádia — no vestir-me da maneira que agora me vê, porque não o tive, nem ele a mim, já que não apareceu ao encontro marcado.

Teodósia respirou com estes argumentos e controlou a sua raiva que, pouco a pouco tinha sido estimulada pela pestilência do ciúme. Se prosseguisse como estava, penetraria nos seus ossos e na sua medula, e domaria inteiramente a sua paciência, mas não a deixou tão livre a ponto de escutar sem sobressaltos o que Leocádia continuou dizendo:

— Além de não ir soube, oito dias depois, que tinha saído do seu povoado, levando da casa de um nobre cavaleiro uma donzela chamada Teodósia. Pela sua beleza e discrição e por serem seus pais tão nobres, o meu povoado soube do roubo e logo a notícia chegou aos meus ouvidos. A fria e temida lança do ciúme transpassou o meu coração e me abrasou a alma de tal modo que fez cinza da minha honra, consumiu a minha confiança, secou a minha paciência e tirou minha razão. Ai, desafortunada! Imaginei Teodósia mais linda do que o sol e mais discreta do que a própria discrição e, principalmente, mais venturosa do que eu, a desventurada. Reli os argumentos do papel, vi-os firmes, verdadeiros e que deveriam ser honrados. Ainda que a eles se apegasse a minha esperança como a coisa sagrada, dando-me conta da companhia que Marco Antônio levava consigo, tudo caiu por terra. Maltratei o meu rosto, arranquei meus cabelos, maldisse a minha sorte e o que mais senti foi não poder sacrificar-me a toda hora, por causa da presença do meu pai.

— Enfim, para poder me queixar sem impedimento ou para acabar com a minha vida — que é o mais certo — decidi abandonar a casa de meu pai. Como parece que a ocasião facilita e diminui todos os inconvenientes quando se quer colocar em obra um mau pensamento, roubei de um criado suas vestimentas, e de meu pai, uma grande quantidade de dinheiro. Uma noite, coberta com a sua capa negra, saí de casa e caminhei algumas léguas até chegar a um lugar chamado Osuna. Ali, me acomodei em uma carroça e depois de dois dias cheguei a Sevilha, onde estava certa de não ser encontrada, ainda que me procurassem. Comprei outras roupas e uma mula. Caminhei até ontem com alguns cavaleiros que vinham apressados para Barcelona para não perder as galeras que iam para a Itália. E o que aconteceu aqui você já sabe. Os bandoleiros me tiraram tudo o que eu tinha e, entre as coisas, levaram a joia que mantinha a minha saúde e aliviava a carga do meu sofrimento: o papel de Marco Antônio. Pensava ir com ele até a Itália, encontrar Marco Antônio, apresentá-lo como testemunho de sua pouca fé e a mim como abandono de sua palavra e, assim, fazer com que cumprisse a sua promessa. Considerei também que facilmente negará as palavras que foram escritas em um papel aquele que nega as obrigações que deveriam estar gravadas na alma. Se tiver por companheira a incomparável Teodósia, não vai querer olhar para a desafortunada Leocádia. Penso morrer ou colocar-me diante dos dois, para que a minha visão turve o sossego deles. Aquela inimiga do meu descanso que não pense que vai desfrutar com tão pouco esforço do que é meu. Eu a procurarei, a encontrarei e, se conseguir, lhe tirarei a vida.

— Mas, que culpa tem Teodósia? — disse Teodoro — Por acaso sabe se ela, como a senhora, também não foi enganada por Marco Antônio?

— Isso não poderia ser — disse Leocádia — porque a levou consigo. Estando juntos os que se amam, que engano pode existir? Nenhum, certamente. Eles estão felizes, pois estão juntos e, como dizem, seja nos mais remotos e quentes desertos da Líbia ou nas solitárias e longínquas terras da gelada Rússia. Sem dúvida, ela desfruta de sua companhia aonde for e haverá de pagar pelo que senti.

— Pode ser que a senhora esteja enganada — respondeu Teodósia — porque eu conheço muito bem a esta sua inimiga e sei a sua condição e recato. Ela nunca se aventuraria a abandonar a casa de seus pais para satisfazer as vontades de Marco Antônio. Mesmo que o tivesse feito, não conhecendo e não sabendo coisa alguma sobre o que a senhora tinha com ele, não a ofendeu em nada e onde não há ofensa, não cabe a vingança.

— O recato — disse Leocádia — não deve ser considerado, porque tão recatada eu era e tão honesta como todas as donzelas e, mesmo assim, fiz o que o senhor ouviu. De que ele a levou, não há dúvidas, e de que ela não me ofendeu, olhando sem emoção, é possível. Mas a dor que sinto causada pelo ciúme faz com que a tenha em minha memória como uma espada atravessada no meio das entranhas e não seria exagero que, como a um instrumento que tanto me machuca, procurasse arrancar e fazer pedaços dela. Além do mais, é prudente afastar-nos das coisas que nos machucam e é natural querer se livrar das que nos fazem mal e nos impossibilitam o bem.

— Seja como diz, senhora Leocádia — respondeu Teodósia — porque, do mesmo modo que vejo que a paixão que sente não a deixa falar coisas certas, observo que não está no momento de acatar bons conselhos. Sobre mim, sei dizer o que já lhe disse, que lhe ajudarei em tudo aquilo que for justo e estiver ao meu alcance. O mesmo lhe prometo a respeito do meu irmão, porque a sua natural condição e nobreza não lhe deixarão fazer outra coisa. O nosso caminho é a Itália. Se quiser vir conosco já conhece um pouco do trato da companhia. Peço que me autorize a contar ao meu irmão o que sei de sua vida, para que ele lhe trate com o comedimento e respeito que deve e para que se obrigue a zelar pela senhora como é necessário. Além disso, não me parece bom que mude de trajes. Se neste povoado encontrarmos alguma coisa confortável para vestir-lhe, pela manhã compraremos as melhores roupas que houver e as que mais lhe convenham. Sobre os seus outros desejos, deixe-os ao cuidado do tempo, que é o mestre de encontrar saída e solucionar os casos mais desesperados.

Pensando que era Teodoro, Leocádia agradeceu a Teodósia todas as suas ofertas e autorizou-lhe a contar a seu irmão tudo o que quisesse, suplicando-lhe que não a desamparasse, pois sabia a quantos perigos estava exposta se fosse reconhecida como mulher. Assim, se despediram e foram se deitar, Teodósia no quarto de seu irmão e Leocádia, no que estava ao lado.

Dom Rafael, esperando a sua irmã, ainda não tinha dormido, porque queria saber o que tinha acontecido com quem ele pensava ser uma mulher. Teodósia entrou e, antes de que deitasse lhe perguntou sobre o acontecido. Ela contou detalhadamente tudo o que Leocádia tinha lhe dito: de quem era filha, seus amores, o papel de Marco Antônio e a sua intenção. Dom Rafael ficou admirado e disse à sua irmã:

— Se ela é quem diz ser, minha irmã, é uma das mais nobres senhoras de sua terra e de toda a Andaluzia. Seu pai é bem conhecido do nosso e a fama de sua beleza corresponde muito bem ao que agora vemos em seu rosto. Parece-me que devemos andar com cuidado, de modo que ela não fale antes com Marco Antônio do que nós, porque me preocupa o papel que diz que ele assinou, mesmo que tenha se perdido. Mas sossegue e descanse que para tudo se encontrará remédio.

Teodósia seguiu a recomendação de seu irmão quanto ao deitar-se, mas o de sossegar-se escapava de suas mãos, porque a raivosa doença do ciúme já tinha tomado a sua alma. Ó, quanto mais do que o sossego, vinha a sua imaginação a beleza de Leocádia e a deslealdade de Marco Antônio! Quantas vezes lia ou fingia ler o papel que lhe tinha dado! Quantas palavras e argumentos acrescentava para torná-lo mais certo e de maior efeito! Quantas vezes não acreditou que o tinha perdido e quantas imaginou que sem ele Marco Antônio não deixaria de cumprir o prometido, sem lembrar-se da obrigação que tinha com ela!

Passou pensando nisto – e sem dormir – grande parte da noite. E Dom Rafael, seu irmão, não a passou com mais descanso porque, assim que escutou quem era Leocádia, seu coração se abrasou em amores, como se de muito antes a conhecesse. Esta é a força que tem a beleza, que em um segundo, em um momento, leva atrás de si o desejo de quem a vê e conhece e, quando revela ou promete alguma via de ser alcançada, ascende com poderosa veemência à alma de quem a contempla, de tal modo e com tanta facilidade como a com que se ascende a seca pólvora com qualquer centelha que a toque.

Não a imaginava presa à árvore, nem vestida com a rasgada roupa de homem, mas em seu traje de mulher e na casa de seus pais, ricos e de tão nobre linhagem como a deles. Não detinha, nem queria deter, o pensamento na causa que havia proporcionado aquele encontro. Desejava que o dia chegasse para prosseguir a sua caminhada e encontrar Marco Antônio, não tanto para que fosse seu cunhado, mas para impedi-lo de ser o marido de Leocádia. O amor e o ciúme já lhe guiavam de tal maneira que não achava ruim ver a sua irmã sem aquilo que procurava e Marco Antônio sem vida, a fim de não perder a esperança de alcançar Leocádia. E a esperança já lhe ia prometendo sucesso no seu desejo, fosse pelo caminho da força ou dos presentes e boas obras, pois para tudo isso lhe dava ocasião o tempo e o lugar.

Acalmou-se um pouco com tudo o que se prometia a si mesmo. Dentro de pouco tempo amanheceu e eles deixaram as camas. Dom Rafael chamou o dono da pousada e perguntou-lhe se conseguiria comprar naquele povoado alguma coisa para vestir um criado que tinha sido roubado pelos bandoleiros. O dono da pousada lhe disse que ele tinha uma vestimenta razoável e que poderia vendê-la. Trouxe-a e serviu muito bem em Leocádia. Dom Rafael pagou por ela e Leocádia cingiu uma espada e uma adaga com tanto discrição e brio que, mesmo naqueles trajes, deixou Dom Rafael mais apaixonado e duplicou o ciúme de Teodósia. Calvete encilhou os cavalos e às oito da manhã partiram para Barcelona, sem querer, naquela ocasião, subir até o famoso mosteiro de Montserrat, deixando para quando Deus fosse servido e quando voltassem, com mais sossego, para a sua pátria.

Não será possível contar de uma boa maneira os pensamentos que tinham os dois irmãos, nem com que diferentes ânimos os dois olhavam para Leocádia; Teodósia desejando a sua morte e Dom Rafael a sua vida, mas os dois ciumentos e apaixonados. Teodósia, para não diminuir a sua esperança, ficava procurando-lhe defeitos; Dom Rafael, encontrando-lhe perfeições, que uma a uma, obrigavam-no a amá-la mais e mais. Apesar disso, não se descuidaram de ir depressa, de modo que chegaram a Barcelona pouco antes que o sol se pusesse.

Admiraram-se com a beleza da cidade e a consideraram a flor das belas cidades do mundo, honra da Espanha, temor e espanto dos próximos e distantes inimigos, presente de seus moradores, amparo dos estrangeiros, escola da cavalaria, exemplo de lealdade e satisfação de tudo aquilo que de uma grande, famosa, rica e bem fundada cidade se pode esperar.

Entrando, escutaram um enorme barulho e viram um grande tropel de gente correndo em alvoroço. Perguntaram a causa daquele barulho e movimento e responderam-lhes que os ocupantes das galeras que estavam atracadas na praia tinham se revoltado e travado batalha com as pessoas da cidade. Ouvindo isso, Dom Rafael quis ir ver o que acontecia, ainda que Calvete lhe dizesse que não o fizesse, já que ele sabia que mal se saíam os que nestas pendências se metiam, porque não era inteligente meter-se em um perigo manifesto, comum naquela cidade quando chegavam as galeras. O bom conselho de Calvete não foi suficiente para demover a ideia de Dom Rafael e, então, todos lhe seguiram. Chegando à praia, viram muitas espadas fora de suas bainhas e muitas pessoas se esfaqueando sem nenhuma piedade. Sem apear-se, aproximaram-se tanto que conseguiam ver claramente os rostos dos que brigavam, porque o sol ainda não tinha se posto.

Eram infinitos os que se aproximavam da cidade e muitos os que das galeras desembarcavam, já que o responsável por elas – um cavaleiro valenciano chamado Dom Pedro Viqué – desde a popa da galera capitã incitava os embarcados que fossem socorrer aos seus. Mas, vendo que não obedeciam seus gritos e ameaças, mandou girar as proas das galeras para a cidade e disparou uma peça sem bala (sinal de que, se não se afastassem, a outra não sairia sem ela).

Dom Rafael estava olhando atentamente a cruel e bem travada briga e observou que entre os que mais se destacavam nas galeras estava um jovem, de mais ou menos vinte e dois anos, vestido de verde, com um chapéu da mesma cor adornado com um rico cordão (ao parecer, de diamantes). A destreza com a qual o rapaz combatia e o esplendor da sua vestimenta faziam com que todos os que estavam acompanhando a pendência o olhassem. Do mesmo modo o viram Teodósia e Leocádia que disseram ao mesmo tempo:

— Valha-me Deus! Ou eu não tenho olhos ou aquele de verde é Marco Antônio!

Dizendo isso, as duas saltaram rapidamente das mulas e, colocando as mãos nas suas adagas e espadas, entraram, sem temor, no meio da confusão e se colocaram, uma de um lado e a outra de outro, de Marco Antônio (que era o rapaz de verde de quem se falou).

— Não tema, senhor Marco Antônio — disse Leocádia quando chegou — que do seu lado tem quem será o escudo que dará a própria vida para defender a sua.

— Quem duvida, estando eu aqui? — respondeu Teodósia.

Dom Rafael, que viu e ouviu tudo o que acontecia, seguiu-as e ficou do lado delas. Marco Antônio, ocupado em atacar e defender-se, não se deu conta do que as duas lhe tinham dito, mas, envolvido na briga, fazia coisas que pareciam inacreditáveis. Como o número de pessoas da cidade aumentava, os que vinham nas galeras precisaram recuar e entrar de volta na água. Marco Antônio recuava com má vontade e, acompanhando o seu ritmo, a seu lado iam as duas valentes e novas Brandamante e Marfisa ou Hipólita e Pantasileia.

Nisto se aproximou, montado em um poderoso cavalo, um cavaleiro catalão, da famosa família dos Cardonas. Colocando-se entre as duas partes, fez com que as pessoas da cidade recuassem. Elas o obedeceram porque o conheciam. Mas algumas pessoas de longe arremessavam pedras aos que iam entrando na água. Quis a má sorte que uma delas acertasse com tanta fúria a fronte de Marco Antônio que o derrubou na água, que já batia no seu joelho. Mal Leocádia o viu caído, abraçou-se a ele e amparou-o entre seus braços e o mesmo fez Teodósia. Dom Rafael estava um pouco afastado, defendendo-se das inúmeras pedras que choviam sobre ele e querendo ir ao encontro do remédio para a sua alma, da sua irmã e do seu cunhado. O cavaleiro catalão se colocou diante dele e disse:

— Acalme-se, senhor, e faça o favor de colocar-se ao meu lado, que eu o livrarei da insolência e exagero deste povo desmandado.

— Ah, senhor! — respondeu Dom Rafael — Deixe-me passar, porque vejo correndo grande perigo as coisas que mais amo nesta vida!

O cavaleiro deixou que passasse, mas Dom Rafael não conseguiu chegar antes de que já tivessem levado Marco Antônio no barco da galera capitã e também a Leocádia, que não o soltava. Teodósia queria embarcar com eles, mas por estar cansada, pela pena de ver Marco Antônio ferido ou por ver que junto a ele estava a sua pior inimiga, não teve forças para subir ao barco e certamente cairia desmaiada na água se seu irmão não chegasse a tempo de socorrê-la. Ele sentiu pena igual a de Teodósia ao ver que Leocádia ia com Marco Antônio (porque também já o tinha reconhecido). O cavaleiro catalão, admirado pela nobre presença de Dom Rafael e de sua irmã (que achava que era um homem), chamou-os da margem e rogou que fossem com ele. Forçados pela necessidade e temerosos de que as pessoas, que ainda não estavam tranquilas, fizessem-lhes alguma coisa, aceitaram a oferta.

O cavaleiro apeou com eles a seu lado e, com a espada nua, passou no meio da multidão alvoroçada, pedindo que se retirassem e assim o fizeram. Dom Rafael olhou para todos os lados para ver se encontrava Calvete com as mulas, mas não o viu porque, assim que apearam, foi com elas até uma pousada onde costumava parar outras vezes.

O cavaleiro chegou a sua casa, que era uma das mais nobres da cidade, e perguntou a Dom Rafael em que galera ele vinha. Respondeu-lhe que em nenhuma, pois tinha chegado na cidade no mesmo instante em que começava a disputa e que, por ter reconhecido nela o cavaleiro que levavam no barco ferido com uma pedrada, tinha se colocado a perigo. Suplicou ao cavaleiro que ordenasse que trouxessem à terra o ferido, que nisso estava o seu contentamento e a sua vida.

— Farei isso com muito boa vontade — disse o cavaleiro — e sei que o general me atenderá, porque é um nobre cavaleiro e meu parente.

Sem esperar mais, foi até a galera e viu que estavam cuidando de Marco Antônio. A ferida que tinha, segundo o cirurgião, era perigosa, porque estava do lado esquerdo. Conseguiu que o general autorizasse que o cuidassem em terra. Colocando Marco Antônio com muito cuidado no barco, retiraram-no sem que Leocádia o deixasse, já que tinha embarcado com ele como se fosse o norte da sua esperança. Chegando a terra, o cavaleiro pediu que trouxessem de sua casa uma cadeira de empurrar para levá-lo. Enquanto acontecia tudo isto, Dom Rafael tinha mandado procurar Calvete, que estava na pousada, preocupado em saber o que tinha acontecido com os seus amos. Quando soube que estavam bem, alegrou-se imensamente e foi até onde estava Dom Rafael.

Nisto chegou o dono da casa, com Marco Antônio e Leocádia, e a todos acomodou com muito zelo e magnificência. Ordenou que chamassem um famoso cirurgião da cidade para que cuidasse de Marco Antônio. O cirurgião foi, mas não quis tratá-lo até o dia seguinte dizendo que os cirurgiões dos exércitos e das armadas eram muito experientes, dado o número de feridos que passam por suas mãos, e não convinha mudar o tratamento até o outro dia. O que ordenou foi que o pusessem em um aposento tranquilo e que o deixassem descansar.

Neste instante chegou o cirurgião das galeras e contou para o da cidade sobre a ferida, como a tinha tratado e o perigo de morte, que a seu parecer, corria o ferido. Com estas informações, o cirurgião da cidade confirmou o risco que Marco Antônio corria, mas também que estava bem cuidado.

Leocádia e Teodósia ouviram isso, com o mesmo sentimento de quem escuta uma sentença de morte, mas para não dar mostras da sua dor, reprimiram-na e calaram-se. Leocádia, então, decidiu fazer o que lhe parecia conveniente para satisfazer a sua honra. Quando saíram os cirurgiões, entrou no quarto de Marco Antônio e, diante do dono da casa, de Dom Rafael e de outras pessoas, aproximou-se da cabeceira do ferido e, pegando-lhe a mão, disse-lhe essas coisas:

— Não é hora, Marco Antônio Adorno, de gastar muitas palavras com o senhor. Assim, só desejo que escute algumas que são convenientes, senão para a saúde do seu corpo, para a saúde da sua alma. Para dizê-las, preciso que me dê permissão e me diga se tem a intenção de me escutar; porque não seria certo que, tendo procurado desde o momento em que o conheci não decepcioná-lo, fazê-lo agora e ser motivo do seu pesar.

Escutando estes argumentos, Marco Antônio abriu os olhos e olhou atentamente para Leocádia. Tendo-a quase reconhecido, mais pela voz do que pela visão, com voz debilitada lhe disse:

— Diga, senhor, o que quiser, porque não estou tão mal que não possa escutá-lo, nem esta voz me é tão desagradável que me cause incômodo ouvi-la.

Teodósia estava muito atenta à conversa e cada palavra que dizia Leocádia era como uma dura flecha que atravessava o seu coração e a alma de Dom Rafael, que também a escutava. Prosseguiu, dizendo:

— Se o golpe na cabeça ou, melhor dizendo, se o golpe que lhe deram na alma, não levou de sua memória, Marco Antônio, a imagem daquela a quem há não muito tempo o senhor dizia ser sua glória e seu céu, certamente se lembrará quem foi Leocádia e qual foi a palavra que lhe entregou assinada em um papel com seu punho e letra; também não terá se esquecido do valor dos seus pais, da inteireza do seu recato, da sua honestidade e da obrigação que tem com ela, por ter aceitado tudo o que o senhor lhe propôs. Se não esqueceu disso, ainda que me veja em trajes tão diferentes, reconhecerá facilmente que eu sou Leocádia que, temerosa de que novos percalços me tirassem o que é meu por justiça, assim que soube que o senhor tinha partido, atropelada por infinitos inconvenientes, decidi segui-lo vestida com esta roupa, com a intenção de procurá-lo por todos os lugares da terra até encontrá-lo. Tudo isto não lhe deve surpreender caso já tenha experimentado alguma vez até onde chegam as forças do amor verdadeiro e a raiva de uma mulher enganada. Passei por algumas dificuldades por causa desta decisão; a todas considero pequenas, já que me trouxeram até o senhor. Posto que está da maneira que está, se Deus quiser levá-lo dessa para a melhor vida, faça o que deve, antes de sua partida, e me julgarei a mais bem-aventurada, prometendo-lhe dar-me tal vida depois da sua morte, que pouco tempo passará para que eu o siga na última e inevitável viagem. Assim, rogo primeiramente a Deus, a quem meus desejos e tentativas vão direcionados; depois ao senhor, que vale muito por ser quem é; e, por último, a mim, a quem devo mais do que a qualquer outra pessoa no mundo e a quem logo o senhor receberá por sua legítima esposa.

Leocádia não disse mais nada. Todos os que estavam na sala mantiveram-se em silêncio durante o tempo em que esteve falando e, depois, esperando a resposta de Marco Antônio, que foi essa:

— Não posso negar, senhora, que a conheço, pois a sua voz e o seu rosto não o consentiriam. Também não posso negar o muito que lhe devo, nem o grande valor dos seus pais, sua incomparável honestidade e discrição. Nem a considero menos por ter vindo procurar-me em trajes tão diferentes dos seus, ao contrário, estimo-a e a estimarei ao máximo. Mas, minha pouca fortuna me trouxe ao meu fim, como a senhora disse e, nestes momentos, as verdades são ditas. Quero contar-lhe uma verdade que, se agora não for do seu agrado, pode ser de seu proveito. Confesso, bonita Leocádia, que a quis e que a senhora me quis. Juntamente com isto confesso que o papel que escrevi foi mais para cumprir com o seu desejo do que com o meu, porque, muitos dias antes de assiná-lo, tinha entregue minha alma a outra donzela do mesmo lugar. A senhora bem a conhece, se chama Teodósia, filha de tão nobres pais como os seus. Se lhe dei um papel assinado pela minha mão, a ela entreguei-lhe a minha mão assinada e acreditada com obras e testemunhos, que me deixam impossibilitado de dar a minha liberdade a qualquer outra pessoa no mundo. Os amores que tive com a senhora foram passatempo, sem que alcançassem mais do que a senhora sabe, o que não a ofende e não pode ofender de nenhuma maneira. O que aconteceu comigo e Teodósia foi alcançar o fruto que ela me pôde dar e eu quis que ela desse, com fé e segurança de ser seu esposo, como o sou. Se a ela e a senhora as deixei em um mesmo momento; a senhora, enganada e esperançosa e a ela, temerosa e, a seu parecer, sem honra, o fiz com juízo de rapaz que sou, acreditando que todas aquelas coisas significavam pouco e que podia fazê-las sem nenhum escrúpulo. Outros pensamentos me vieram e me incitaram ao que eu queria fazer, que foi ir à Itália e empregar ali alguns anos da minha juventude e depois voltar para ver o que Deus tinha feito da senhora e da minha verdadeira esposa. Mas, compadecendo-se de mim o céu, creio que permitiu colocar-me da maneira em que me vê para que, confessando estas verdades, nascidas das minhas muitas culpas, pague nesta vida o que devo e a senhora fique desenganada e livre para fazer o que melhor lhe parecer. Se em algum tempo Teodósia souber da minha morte, saberá pela senhora e pelos que estão presentes, que cumpri a palavra que lhe dei em vida. Se no pouco tempo de vida que me resta, senhora Leocádia, posso servi-la em alguma coisa, me diga, que se não for recebê-la por esposa, não deixarei de fazer nenhuma outra que me seja possível para agradar-lhe.

Enquanto dizia estas palavras, Marco Antônio tinha a cabeça apoiada no cotovelo. Terminando de dizê-las, deixou cair o braço, parecendo que desmaiava. Dom Rafael se aproximou rapidamente, abraçou-o com força e disse:

—Volte a si, meu senhor, e abrace seu amigo e irmão, pois isso você quer que eu seja. Reconheça Dom Rafael, seu camarada, que será o testemunho verdadeiro da sua vontade e do prêmio que quer dar à minha irmã, admitindo-a como sua.

Marco Antônio voltou a si e imediatamente reconheceu Dom Rafael. Abraçou-o demoradamente e beijando-lhe o rosto, disse-lhe:

— Agora digo, irmão e senhor meu, que a grande alegria que recebi ao ver-lhe não pode ser comparada a um grande pesar. Diz-se que depois da alegria vem a tristeza, mas eu aceitarei o que vier, pela alegria de tê-lo visto.

— Pois eu quero fazê-lo ainda mais feliz — respondeu Dom Rafael — apresentando-lhe esta joia, que é a sua amada esposa.

E, procurando Teodósia, encontrou-a atrás de todos, chorando, surpresa e atônita entre o pesar e a alegria, pelo que tinha visto e escutado. Seu irmão lhe estendeu a mão e ela, sem resistência, se deixou levar até onde ele quis. Parou diante de Marco Antônio, que a reconheceu e a abraçou, chorando, os dois, ternas e amorosas lágrimas.

Vendo tão estranho acontecimento, todos os que estavam na sala ficaram admirados. Olhavam-se uns para os outros sem dizer nada, esperando para ver onde aquilo ia parar. A desenganada e desafortunada Leocádia, que viu com seus próprios olhos o que fazia Marco Antônio, que viu o suposto irmão de Dom Rafael nos braços de quem considerava seu esposo, que viu também todos os seus desejos burlados e suas esperanças perdidas, escapou dos olhos de todos (que olhavam atentos o que o doente fazia com a que tinha entre seus braços), saiu da sala e rapidamente chegou à rua com a intenção de sair desesperada pelo mundo ou até onde as pessoas não a vissem. Mas, mal tinha chegado à rua quando Dom Rafael sentiu sua falta e, como se lhe faltasse a alma, perguntou por ela e ninguém soube dizer para onde tinha ido. E assim, sem esperar, saiu desesperado a procurá-la. Foi até onde lhe disseram que estava Calvete, caso tivesse ido lá procurar alguma cavalgadura para fugir. Não a encontrando ali, andou como louco pelas ruas, procurando-a em todos os lugares. Pensando que poderia ter voltado para as embarcações, dirigiu-se à praia. Um pouco antes de chegar, ouviu que gritavam, desde a terra, chamando a nau capitã. Reconheceu que era a voz da bonita Leocádia, que, receosa de alguma desgraça, ouvindo passos atrás de si, empunhou a espada e esperou atenta a chegada de Dom Rafael, a quem logo reconheceu. Lamentou que a tivesse encontrado sozinha, porque já tinha percebido, por mais de uma demonstração, que Dom Rafael lhe tinha dado, que não a queria mal, mas tão bem que achava bom que Marco Antônio não a quisesse.

Como poderei dizer agora o que disse Dom Rafael a Leocádia, declarando-lhe sua alma, com tantas e tais palavras que não me atrevo escrever? Mas, é preciso dizer algumas e entre elas estavam estas:

— Se com a sorte que me falta me faltasse também agora — ó bonita Leocádia! — o atrevimento de revelar-lhe os segredos da minha alma, ficaria enterrado no seio do perpétuo esquecimento o mais apaixonado e honesto desejo que nasceu em um peito apaixonado. Mas, para não ofender este meu justo desejo (venha-me o que vier), quero, senhora, que considere, se é que o seu transtornado pensamento lhe permite, que Marco Antônio não tem nenhuma outra vantagem sobre mim, se não o bem de ser querido pela senhora. Minha linhagem é tão boa quanto a sua; entre os bens que chamam de fortuna, não se avantaja muito; nos naturais, não convém que me engrandeça e ainda mais se por seus olhos não são estimados. Tudo isso digo, apaixonada senhora, para que tome o remédio que a sorte lhe oferece na sua desgraça extrema. A senhora já sabe que Marco Antônio não pode ser seu porque o céu lhe fez de minha irmã. O mesmo céu que lhe tirou Marco Antônio quer recompensar-lhe comigo, que não desejo outra coisa na vida a não ser me entregar como seu esposo. Veja que a boa sorte está batendo à porta da má que até agora a senhora teve. Não pense que o atrevimento que a senhora demonstrou tendo vindo atrás de Marco Antônio fará com que a estime e a valorize menos, porque, no momento em que quiser e determinar unir-me à senhora, escolhendo-a como minha perpétua esposa, naquele mesmo momento esquecerei, e já esqueci, tudo o quanto soube e vi sobre este assunto. Bem sei que as mesmas forças que me dispuseram a adorar-lhe tão grandemente e entregar-me à senhora, são as mesmas que a trouxeram a este estado e assim não será preciso procurar nenhuma desculpa já que não houve erro algum.

Leocádia escutou calada tudo o que lhe dizia Dom Rafael, mas às vezes soltava uns suspiros profundos, saídos do seu mais íntimo. Dom Rafael se atreveu a pegar uma de suas mãos e ela não teve forças para impedi-lo. E assim, beijando-a muitas vezes, lhe dizia:

— Seja a senhora da minha alma diante deste estrelado céu que nos cobre, deste sossegado mar que nos escuta e destas banhadas areias que nos sustentam. Dá-me já o sim, que convém tanto à sua honra como ao meu contento. Volto a dizer-lhe que sou cavaleiro rico, como a senhora sabe, e que a quero bem (que é o que mais deve estimar). Ao contrário de estar sozinha e em traje que desdiz muito da sua honra, longe da casa dos seus pais e parentes, sem pessoa que possa socorrê-la quando precisar e sem esperança de alcançar o que procurava, pode voltar à sua pátria no seu próprio, honrado e verdadeiro traje, acompanhada por tão bom esposo como o que soube escolher; rica, feliz, estimada, servida e ainda admirada por todos aqueles que conhecerem os acontecimentos de sua história. Se isto é assim, não sei qual é a sua dúvida; erga-me do chão da minha miséria ao céu de merecê-la, que com isto estará fazendo algo pela senhora mesma e cumprirá as leis da cortesia e do bom conhecimento, mostrando-se, ao mesmo tempo, agradecida e discreta.

— Que assim seja — disse nesta ocasião a duvidosa Leocádia — pois assim o ordenou o céu e não está na minha mão, nem na de nenhum vivente, opor-se ao que Ele determina: faça-se o que Ele quer e o que o senhor quiser, meu senhor. E este mesmo céu é testemunha da vergonha com que me concedo à sua vontade, não porque não saiba o que muito ganho em obedecer-lhe, mas porque temo que, cumprindo o seu desejo, me olhe com olhos diferentes dos que até agora o enganaram. Seja como for, não se pode perder a honra de ser a legítima esposa de Dom Rafael de Villavicencio e somente com este título viverei feliz. Se as coisas que o senhor descobrir em mim, depois de ser sua, servirem para que me estime em algo, agradecerei ao céu por ter-me dado, por tão estranhos caminhos e por tantos males, o bem de ser sua. Dá-me, senhor Dom Rafael, a graça de ser meu, e lhe dou a de ser sua e que sirvam de testemunhas os que o senhor diz: o céu, o mar, as areias e este silêncio, interrompidos somente pelos meus suspiros e pelas suas súplicas.

Dizendo isto, deixou-se abraçar e lhe deu a mão e Dom Rafael lhe deu a sua, celebrando o noturno e novo casamento somente as lágrimas que a alegria, apesar da tristeza passada, tirava de seus olhos. Logo voltaram para a casa do cavaleiro, que lamentava muito a falta deles. O mesmo sentiam Marco Antônio e Teodósia, que já estavam casados pela mão de um clérigo, que por determinação de Teodósia (temerosa de que algum acidente lhe tirasse o que tinha encontrado) tinha sido chamado pelo cavaleiro. De modo que, quando Dom Rafael e Leocádia entraram e ele contou o que tinha acontecido, aumentou-lhes a alegria como se fossem parentes próximos, porque é condição natural e própria da nobreza catalã saber ser amiga e favorecer os estrangeiros que dela precisem.

O sacerdote, que ainda estava presente, mandou que Leocádia mudasse de roupa e se vestisse com a que lhe era apropriada. O cavaleiro resolveu a questão com presteza, dando-lhe ricos vestidos de sua mulher, que era uma nobre senhora da linhagem dos Granolleques, famosa e antiga naquele reino. Instruiu o cirurgião, que por caridade se condoía do ferido, que lhe deixassem em silêncio. Mas Deus, porque assim tinha decidido permitiu que a alegria e o pouco silêncio que Marco Antônio tinha mantido fossem suficientes para que melhorasse. De maneira que, no outro dia, quando o examinaram, encontraram-no fora de perigo e dali a quatorze dias se levantou tão são, sem nenhum temor, podendo colocar-se a caminho.

É preciso contar que no tempo em que Marco Antônio esteve de cama prometeu que, se Deus o curasse, iria em romaria até Santiago da Galícia. Acompanharam-lhe nesta promessa Dom Rafael, Leocádia, Teodósia e também Calvete, o criado de mulas (atitude incomum entre os do ofício). A bondade e a simplicidade que ele tinha encontrado em Dom Rafael, obrigaram-no a não deixá-lo até que voltasse para a sua terra e, vendo que voltariam a pé como peregrinos, enviou as mulas – inclusive a de Dom Rafael – a Salamanca, não faltando pessoas dispostas a levá-las.

Chegou, então, o dia da partida. Vestidos com as roupas de peregrinos e levando tudo o que era necessário, despediram-se do generoso cavaleiro que tanto os havia favorecido e ajudado e cujo nome era Dom Sancho de Cardona, ilustríssimo pelo seu sangue e famoso pela sua pessoa. Todos se dispuseram a lembrar para sempre os favores tão singulares que tinham recebido dele, para agradecê-lo, pelo menos, já que não poderiam servi-lo. Dom Sancho abraçou a todos, dizendo-lhes que lhe era natural agir daquela forma, ou outras que fossem boas, com todos os que conhecia ou imaginava ser fidalgos castelhanos.

Os abraços se repetiram duas vezes e se despediram com a alegria misturada a algum sentimento de tristeza. Caminhando conforme permitia a delicadeza das novas peregrinas, em três dias chegaram a Montserrat. Encontraram ali outros tantos peregrinos, fazendo o que os bons e católicos cristãos deveriam fazer. Retomaram o caminho e, sem que lhes acontecesse nenhum revés, chegaram a Santiago. Depois de cumprir suas promessas com a maior devoção que puderam, não quiseram tirar a roupa de peregrinos até entrar em suas casas, as quais chegaram descansados e contentes. Mas, antes de que chegassem, estando próximos do povoado de Leócadia (que, como se disse, estava a uma légua do de Teodósia), viram-no em cima de uma colina e não puderam conter as lágrimas, pelo menos as duas desposadas, que a alegria de vê-lo lhes trouxe, pois vendo-o relembraram os antigos acontecimentos.

Via-se, da parte onde estavam, um grande vale que separava

os dois povoados. Observaram, à sombra de uma oliveira, um hábil cavaleiro sobre um poderoso cavalo, com uma adaga branquíssima no braço esquerdo e uma grossa e longa lança no direito. Olhando atentamente, viram que entre as oliveiras vinham outros dois cavaleiros com as mesmas armas e com a mesma postura. Logo constataram que os três se aproximaram, ficaram um breve tempo juntos e se afastaram. Um dos últimos que tinha chegado se afastou com o que primeiro estava debaixo da oliveira. Pondo as esporas nos cavalos, arremeteram um contra o outro, demonstrando serem inimigos mortais. Começaram a lançar bravos e diretos golpes de lança, seja fugindo dos golpes, seja protegendo-se com as adagas com tanta destreza, demonstravam ser mestres naquele exercício. O terceiro os olhava sem sair do lugar. Não podendo conter-se em ver de tão longe aquela tão inimiga e singular batalha, Dom Rafael desceu correndo pelo vale, sendo seguido por sua irmã e por sua esposa. Rapidamente chegou onde estavam os combatentes, no momento em que os dois cavaleiros já estavam um pouco feridos. Tendo-lhe caído a um deles o chapéu e, com ele, um capacete de ferro, quando virou o rosto, Dom Rafael pode reconhecer que era seu pai e Marco Antônio reconheceu que o outro era o seu. Leocádia, que tinha olhado atentamente ao que não combatia, reconheceu que era quem a tinha gerado, com cujo reconhecimento todos os quatro ficaram atônitos e fora de si. Dando o sobressalto lugar ao discurso da razão, os dois cunhados, sem demora, colocaram-se entre os que brigavam e disseram gritando:

— Já chega, cavaleiros, já chega, que quem lhes pede e suplica isso são seus próprios filhos. Eu sou Marco Antônio, meu pai e senhor — dizia Marco Antônio — eu sou aquele por quem, imagino, estão seus cabelos brancos veneráveis em rigorosa briga. Moderem a fúria e joguem as armas ou direcionem-nas contra outro inimigo, porque o que está diante do senhor é seu irmão.

Dom Rafael falava com seu pai quase com as mesmas palavras. Os cavaleiros pararam e começaram a olhar atentamente aos que falavam tudo aquilo. Olhando para trás, viram que Dom Enrique, o pai de Leocádia, tinha apeado e estava abraçado com quem pensavam ser um peregrino. Isto porque Leocádia tinha se aproximado dele e, revelando quem era, rogou-lhe que pusesse em paz aos que combatiam, contando-lhe rapidamente que Dom Rafael era seu esposo e Marco Antônio o de Teodósia.

Escutando isso, seu pai apeou e abraçou-a, como já se disse. Deixando-a, foi colocá-los em paz, mas já não foi preciso, pois os dois tinham reconhecido seus filhos e estavam no chão, abraçados, chorando lágrimas nascidas do amor e da alegria. Uniram-se todos e voltaram a olhar para seus filhos sem saber o que dizer. Apertavam-lhe os corpos para ver se não eram fantasmas, pois a imprevista chegada, esta e outras suspeitas causavam, mas, desenganados, voltaram às lágrimas e aos abraços.

Nisto, aproximou-se pelo mesmo vale, uma grande quantidade de pessoas armadas, a pé e a cavalo, que vinham defender o cavaleiro daquele lugar. No entanto, como chegaram e os viram abraçados com aqueles peregrinos e com os olhos cheios de lágrimas, apearam e admiraram a cena. Ficaram atônitos até que Dom Enrique lhes contou brevemente o que Leocádia, sua filha, lhe tinha contado.

Todos foram abraçar os peregrinos, com tamanha mostra de alegria que era impossível mensurá-la. Novamente, Dom Rafael contou a todos, com a brevidade que o tempo requeria, o acontecimento de seus amores, de como tinha se casado com Leocádia e sua irmã Teodósia com Marco Antônio: novas que, mais uma vez, causaram imensa alegria. Logo, entre os cavalos daqueles que chegaram para prestar socorro, escolheram-se cinco para os peregrinos e decidiram ir até a casa de Marco Antônio, já que seu pai ofereceu-se para celebrar ali o casamento de todos. Com esta determinação, partiram e alguns dos que ali estavam se adiantaram a saudar os parentes e amigos dos casados.

No caminho, Dom Rafael e Marco Antônio souberam a causa daquela briga. Os pais de Teodósia e Leocádia tinham desafiado ao pai de Marco Antônio, por ser conhecedor dos enganos do seu filho. Tendo ido os dois e tendo-o encontrado sozinho, não quiseram combater com vantagem, mas um a um, como cavaleiros. A briga só terminaria com a morte de um, ou com a de ambos, se eles não tivessem chegado.

Os quatro peregrinos agradeceram a Deus pelo feliz acontecimento. No dia depois que chegaram, com real, esplêndida magnificência e gasto suntuoso, o pai de Marco Antônio fez com que se celebrasse o casamento de seu filho com Teodósia e de Dom Rafael com Leocádia. Eles viveram longos e felizes anos em companhia de suas esposas, deixando uma nobre descendência, que até hoje existe nestes dois lugares, que são os melhores da Andaluzia e que se não são nomeados é para guardar o decoro das *duas donzelas*, de quem talvez as línguas maldizentes ou pouco escrupulosas, falarão da rapidez dos seus desejos e da mudança de trajes. Peço a estas línguas que não se lancem a criticar semelhantes liberdades, até que se assegurem se alguma vez não foram tocadas por estas que chamam flechas do Cupido, que em efeito é uma força, se assim se pode chamar, incomparável, que devora a razão.

Calvete, o criado de mulas, ficou com a mula que Dom Rafael tinha mandado a Salamanca e com outras muitas dádivas que os dois casados lhe deram. Os poetas daquele tempo tiveram ocasião de usar as suas plumas, exagerando na beleza e nos acontecimentos daquelas duas tão atrevidas quanto honestas donzelas, protagonistas deste estranho acontecimento.

A Força do Sangue

Em uma noite quente de verão, voltavam, depois de divertir-se em um rio de Toledo, um velho fidalgo com sua mulher, seu filho pequeno, sua filha com dezesseis anos e uma criada. A noite estava clara. A hora? Onze. O caminho? Solitário. O passo? Lento, para não perder o bem estar que trazem consigo algumas horas no rio e no campo.

Com a segurança que promete a justiça e a índole das pessoas daquela cidade, ia o bom fidalgo com sua honrada família, sem pensar que algum mal lhes pudesse acontecer. Mas, como os piores infortúnios acontecem sem serem sequer imaginados, contra tudo o que pensava, aconteceu algo que lhes levou a alegria e os fez chorar durante muitos anos.

Vinte e dois anos tinha um cavaleiro daquela cidade a quem a riqueza, o sangue nobre, a má inclinação, a excessiva liberdade e as más companhias faziam realizar coisas e ter atrevimentos que desdiziam sua origem e davam-lhe por apelido, atrevido. Este cavaleiro (que agora, por respeito, ocultando seu nome, chamaremos de Rodolfo), com outros quatro amigos seus, todos jovens, alegres e insolentes, descia pela mesma costa pela qual subia o fidalgo.

Os dois esquadrões se encontraram: o das ovelhas com o dos

lobos. Com desonesta desenvoltura, Rodolfo e seus amigos, com os rostos cobertos, olharam para os rostos da mãe, da filha e da criada. O velho inquietou-se e chamou-lhes a atenção pelo atrevimento. Eles lhe responderam com caretas e burla e, sem falar mais nada, seguiram adiante. Mas a muita beleza do rosto que tinha visto Rodolfo, que era o de Leocádia, porque assim querem que se chame a filha do fidalgo, gravou-se em sua cabeça de tal modo, que lhe guiou a vontade e despertou-lhe o desejo de gozá-la apesar de todos os inconvenientes que pudesse ter. Rapidamente comunicou os seus pensamentos aos amigos que resolveram voltar e roubá-la, para agradar Rodolfo, porque os ricos que são generosos encontram quem louve seus delitos e qualifique por bons seus maus hábitos. E assim, o nascer do desejo, o comunicá-lo aos amigos, o aprová-lo, a determinação de roubar Leocádia e roubá-la, aconteceu em um piscar de olhos.

Colocaram os lenços nos rostos e, com as espadas na mão, voltaram. Em poucos passos alcançaram os que não tinham nem acabado de dar graças a Deus, por ter-lhes livrado das mãos daqueles atrevidos.

Arremeteu Rodolfo em direção de Leocádia e, pegando-a nos braços, fugiu com ela. A moça não teve forças para se defender; o sobressalto lhe tirou a voz, para que pudesse gritar, e também a luz dos olhos, pois, desmaiada e sem sentido, não viu quem a levava e nem aonde a levava. Seu pai e sua mãe gritaram, seu irmãozinho chorou, a criada se arranhou, mas nem os gritos foram escutados, nem o choro moveu a compaixão, nem os arranhões foram de nenhum proveito, porque tudo ficou encoberto pela solidão do lugar, o silêncio da noite e as cruéis entranhas dos malfeitores.

Finalmente, alegres foram uns e tristes ficaram outros.

Rodolfo chegou a sua casa sem nenhuma dificuldade e os pais de Leocádia chegaram a deles pesarosos, aflitos e desesperados: cegos, sem os olhos de sua filha, que eram a luz dos seus; sozinhos, porque Leocádia era sua doce e agradável companhia; confusos, sem saber se deveriam contar sua desgraça para a justiça, temerosos de tornar pública sua desonra. Viam-se necessitados de ajuda, pois eram fidalgos pobres. Não sabiam de que se queixar a não ser de sua pouca sorte. Por sua vez, Rodolfo, sagaz e astuto, já tinha Leocádia em sua casa e em seu quarto. Tendo visto, quando a levava, que estava desmaiada, cobriu-lhe os olhos com um lenço, para que não visse as ruas por onde passava, nem a casa, nem o quarto. Tudo isto sem ser visto por ninguém, porque além de um quarto separado na casa de seu pai, em que ainda vivia, tinha a chave da casa (inadvertência dos pais que querem ter seus filhos abrigados). Antes que Leocádia voltasse de seu desmaio, Rodolfo já tinha cumprido o seu desejo, porque os ímpetos não castos da mocidade poucas, ou nenhuma vez, reparam em comodidades e requisitos para se concretizarem. Cego de qualquer entendimento, no escuro roubou a maior joia de Leocádia. Como os pecados da sensualidade não vão mais além da sua concretização, Rodolfo queria que ela desaparecesse dali e pensou em colocá-la na rua, desmaiada como estava. Quando ia fazê-lo, percebeu que ela voltava a si, dizendo:

— Onde estou, desafortunada? Que escuridão é essa? Que trevas me rodeiam? Estou no limbo da minha inocência ou no inferno das minhas culpas? Jesus! Quem me toca? Eu na cama? Eu machucada? Escuta-me, mãe e senhora minha? Ouve-me, querido pai? Ah, desafortunada! Percebo que meus pais não me escutam e que meus inimigos me tocam. Venturosa seria se esta escuridão durasse para sempre, sem que meus olhos voltassem a ver a luz do mundo e que este lugar em que agora estou, qualquer que fosse, servisse de sepultura para a minha honra, pois é melhor a desonra que se ignora que a honra colocada na opinião das pessoas. Já lembro (quem dera nunca me lembrasse!) que não faz muito tempo estava na companhia de meus pais, lembro-me que me roubaram e imagino que não será bom que as pessoas me vejam. Ó você, quem quer que seja, que está aqui comigo (e nisto tateava as mãos de Rodolfo), se a sua alma permite algum tipo de pedido, rogo-lhe que já que se aproveitou da minha honra, faça o mesmo com a minha vida! Tire-me a vida, porque não é certo que a tenha quem não tem honra! A crueldade que usou em ofender-me se igualará a piedade que usará para matar-me e assim você será ao mesmo tempo, cruel e piedoso.

Os argumentos de Leocádia deixaram Rodolfo confuso e, como rapaz pouco vivido, não sabia o que dizer ou fazer. Seu silêncio confundia ainda mais Leocádia que, com as mãos, procurava comprovar que não era um fantasma nem uma sombra que com ela estava. Como tocava em um corpo e lembrava-se da resistência que tinha feito, ainda quando estava na companhia de seus pais, dava-se conta de sua desgraça. E com este pensamento voltou à argumentação que tinha sido interrompida pelos seus soluços e suspiros, dizendo:

— Jovem atrevido, o que você fez me faz pensar que é muito jovem, eu lhe perdoo a ofensa que me causou se você me prometer e jurar que, como a cobriu com esta escuridão, também a cobrirá em um silêncio perpétuo, sem contar nada a ninguém. Pouca coisa lhe peço em troca de tão grande agravo, mas para mim será a maior que eu saberei lhe pedir e você me conceder.

Tenha em conta que eu nunca vi seu rosto e nem quero vê-lo, porque como tenho que lembrar-me da minha ofensa, não quero lembrar-me do meu ofensor, nem guardar na memória a imagem do autor da minha desonra. As minhas queixas ficarão entre mim e o céu, sem serem ouvidas pelo mundo, que não julga as coisas pelos acontecimentos, mas conforme ele quer. Não sei como lhe digo estas verdades, que normalmente se fundam na experiência de muitos casos e no discurso de muitos anos – não tendo eu sequer dezessete anos – pelo que entendo que a dor, da mesma maneira que ata, desata a língua do aflito: algumas vezes exagerando o seu mal, para que acreditem nele e, outras, calando-o, para que não o remedeiem. Calando ou falando, creio que lhe convencerei a acreditar em mim e a remediar a situação, pois não crer em mim será ignorância e o não remediar-me, a impossibilidade de sentir algum alívio. Não quero me desesperar, pois lhe custará pouco dar-me o que peço. Não espere que o passar do tempo diminua a justa raiva que tenho de você, nem confie nisso, nem queira esquecer o agravo que me fez: quanto menos me goze – já tendo-o feito –, menos se acenderão os meus maus desejos. Faça de conta que me ofendeu por acidente, sem fazer nenhuma consideração, e eu farei de conta que não nasci ou que se nasci foi para ser desafortunada. Coloque-me logo na rua, ou pelo menos me leve até a Catedral, porque de ali sei voltar para a minha casa. Também terá que jurar que não vai me seguir, nem procurar saber o nome dos meus pais, nem o meu, nem os dos meus parentes que, sendo tão ricos quanto nobres, não foram tão desafortunados como eu. Responda-me tudo isto. Se temer que eu possa reconhecer a sua voz, faço-lhe saber que, além do meu pai e do meu confessor, nunca falei com outro homem na minha vida e escutei tão poucos falando que não consigo distinguir o som da sua fala.

A resposta que Dom Rodolfo deu aos ponderados argumentos da abusada Leocádia não foi outra que dar-lhe um abraço, demonstrando que queria voltar a provar o que já tinha provado, confirmando a sua desonra. Percebendo isso, Leocádia, com mais forças que aparentava a sua tenra idade, defendeu-se com os pés, com as mãos, com os dentes e com a língua, dizendo-lhe:

— Tenha em conta, quem quer que você seja, homem traidor e desalmado, que o que levou de mim foi o que conseguiu tirar de um tronco ou de uma coluna fora de si, cujo vencimento e triunfo redundará em sua infâmia e menosprezo. Mas o que agora pretende, não conseguirá a não ser com a minha morte. Quando estava desmaiada você me pisou e aniquilou, mas agora, que tenho brios, antes vai me matar do que me vencer: porque se agora, acordada, sem resistência concedesse o seu abominável desejo, poderia imaginar que, quando você se atreveu a me destruir, o meu desmaio foi fingido.

Leocádia resistiu tão obstinada e valentemente, que as forças e os desejos de Rodolfo se enfraqueceram. Como a insolência usada com Leocádia não tinha outra origem a não ser a de um ímpeto lascivo, do qual nunca nasce o verdadeiro amor, que permanece, ao contrário do ímpeto, que deixa apenas o arrependimento, restou uma branda vontade de abusar dela mais uma vez. Frio e cansado, sem dizer nenhuma palavra, Rodolfo deixou Leocádia em sua cama e em sua casa. Fechando o aposento, foi procurar seus amigos para aconselhar-se sobre o que deveria fazer.

Leocádia sentiu que ficava presa e só. Levantou-se da cama, andou por todo o quarto tateando as paredes com as mãos para ver se achava alguma porta por onde sair ou uma janela pela qual atirar-se. Encontrou a porta, que estava bem fechada e uma janela que conseguiu abrir e por onde entrou o resplendor da lua, tão claro, que conseguiu distinguir as cores de umas telas que adornavam o quarto. Viu que a cama era dourada e tão ricamente adornada que mais parecia o leito de um príncipe do que o de um cavaleiro. Contou as cadeiras e as escrivaninhas; observou em que parte estava a porta e, ainda que tenha visto as molduras penduradas na parede, não conseguiu distinguir as pinturas que continham. A janela era grande, adornada e protegida por uma grossa grade, a vista dava para um jardim, que também estava protegido por muros altos, dificuldades que se impuseram ao seu desejo de jogar-se na rua. Todos os ricos adornos que viu naquele aposento deram-lhe a entender que o dono daquela casa deveria ser um homem ilustre e rico e não pouco, mas abastadamente. Em uma das escrivaninhas, que estava perto da janela, viu um crucifixo pequeno, todo de prata. Pegou-o e colocou-o na manga da sua roupa, não por devoção, nem por furto, mas guiada por um desígnio. Feito isso, fechou a janela como estava antes e voltou para a cama, esperando pelo fim daquele mal iniciado acontecimento.

Pareceu-lhe que ainda não tinha passado meia hora quando percebeu que abriam a porta do quarto. Alguém se aproximou dela e sem dizer nenhuma palavra, com um lenço lhe vendou os olhos e, tomando-a pelo braço, tirou-lhe do aposento e fechou a porta. Quem se aproximou dela foi Rodolfo, que ainda que tivesse ido procurar os seus amigos, não quis falar com eles, pensando que não era prudente fazê-los testemunhas do que tinha acontecido com a donzela; preferiu dizer-lhes, então, que, arrependido do mau pensamento e movido pelas lágrimas da jovem, tinha-lhe abandonado na metade do caminho. Depois disso, voltou rapidamente para levar Leocádia até a Catedral, como ela tinha pedido, antes que amanhecesse e o dia o atrapalhasse de livrar-se dela e o forçasse a mantê-la no quarto até a noite seguinte, tempo no qual já não queria usar das suas forças nem dar ocasião de ser reconhecido. Levou-a, então, até a praça que chamam da Prefeitura. Ali, com uma voz diferente da sua e misturando o português e o espanhol, disse-lhe que poderia voltar com segurança para sua casa, que ninguém iria segui-la. Antes que ela tirasse o lenço, ele já estava em um lugar onde não poderia ser visto.

    Leocádia ficou sozinha, tirou a venda e reconheceu o lugar onde a tinham deixado. Olhou para todos os lados, não viu ninguém, mas suspeitando que desde longe a seguissem, se detinha a cada passo, dirigindo-se à sua casa, que não estava muito longe dali. Para enganar os que lhe seguiam, se acaso lhe seguissem, entrou em uma casa que encontrou aberta e depois foi para a sua, onde encontrou seus pais atônitos e ainda vestidos, sem pensar em descanso.

    Quando a viram, correram até ela com braços abertos e, com lágrimas nos olhos, receberam-na. Leocádia, sobressaltada, pediu que seus pais se retirassem com ela a um lugar reservado, e assim o fizeram. Ali, com breves palavras, contou tudo sobre o desafortunado acontecimento, todas as circunstâncias e o não saber quem era o ladrão da sua honra. Contou-lhes o que tinha visto no palco onde se representou a tragédia da sua desventura: a janela, o jardim, a grade, as escrivaninhas, a cama, as telas e, por último, mostrou-lhes o crucifixo que tinha trazido, diante do qual renovaram-se as lágrimas, fizeram-se súplicas, pediram-se vinganças e desejaram-se castigos milagrosos. Disse também que, ainda que ela não quisesse saber quem era seu ofensor, que se seus pais achassem que era prudente reconhecê-lo, que poderiam fazê-lo por intermédio daquela imagem, fazendo com que os sacristãos dissessem nos púlpitos de todas as paróquias da cidade, que quem a tivesse perdido a encontraria com o religioso que designassem e, assim, sabendo quem era o dono da imagem, saberiam a casa e quem era o seu inimigo.

A isto lhe respondeu seu pai:

— Certas seriam as suas palavras, filha, se a malícia não se opusera ao seu discreto discurso, pois está claro que hoje mesmo será notada a falta desta imagem no aposento que você diz e o dono dela terá certeza de que a pessoa com quem esteve a levou. Recebendo a notícia que ela está com algum religioso, antes vai descobrir quem a entregou, que declarar-se dono dela, porque pode fazer com que outro se passe por dono. Sendo assim, ficaremos mais confusos do que informados, uma vez que podemos utilizar o mesmo artifício, entregando-a a um religioso por uma terceira pessoa. O que você deve fazer, filha, é guardá-la e entregar-se a ela, porque foi testemunha da sua desgraça e permitirá que lhe seja feita justiça. Leve em consideração, filha, que mais lastima uma onça de desonra pública que uma arroba de infâmia secreta. Em público, você pode viver honrada com Deus, então, não se martirize de estar desonrada em segredo: a verdadeira desonra está no pecado e a verdadeira honra na virtude; com o dito, com o desejo e com a obra ofende-se a Deus e você nem no que diz, nem em pensamento, nem em obra o ofende. Considere-se honrada, porque assim a considerarei, sem jamais deixar de olhá-la como verdadeiro pai.

Com estas prudentes palavras o pai tranquilizou Leocádia. Sua mãe abraçou-a novamente, procurando também consolá-la. Ela gemeu e chorou de novo e restringiu-se a cobrir a cabeça, como dizem, vivendo recolhidamente sob o amparo de seus pais, com vestimenta honesta e pobre.

Enquanto isso, Rodolfo voltou para casa. Sentiu falta do crucifixo e imaginou quem poderia tê-lo levado, mas, como era rico, não se preocupou com isso, nem seus pais o pediram quando três dias depois partiu para a Itália e entregou a uma criada de sua mãe tudo o que deixava no aposento.

Há muitos dias Rodolfo estava determinado a ir para a Itália. Seu pai o persuadia, já que também tinha estado lá, dizendo-lhe que não eram cavaleiros aqueles que o eram apenas na sua pátria, que era necessário sê-lo também em outras. Por estas e por outras razões, a vontade de Rodolfo se dispôs a cumprir a de seu pai, quem lhe deu muito dinheiro para ir a Barcelona, Gênova, Roma e Nápoles. Partiu logo com dois colegas, ansioso pelo que tinha escutado de alguns soldados sobre a abundância das pousadas na Itália e na França e da liberdade que os espanhóis usufruíam nas hospedarias. Parecia-lhe interessante aquilo de *Eco li buoni polastri, picioni, presuto e salcicie,* e outras coisas desse tipo, que os soldados lembram quando voltam daqueles lugares e passam pelas limitações e incômodos das hospedarias espanholas. Finalmente, foi sem se lembrar do que tinha acontecido com Leocádia, era como se nunca tivesse acontecido nada.

Ela, no entanto, passava a vida na casa de seus pais, o mais recolhida possível, sem deixar que ninguém a visse, temendo que a sua desgraça pudesse ser lida na sua face. Aos poucos meses, viu-se obrigada a fazer por força o que já por vontade própria fazia. Percebeu que lhe convinha viver retirada e escondida porque estava grávida, acontecimento que lhe devolveram as lágrimas, por algum tempo esquecidas, e os suspiros e lamentos voltaram a ferir os ventos, sendo consolada por sua mãe. Voou o tempo e chegou o momento do parto e, com tanto segredo, não se fiaram de uma parteira, mas a própria mãe realizou o ofício, e Leocádia deu à luz a um menino dos mais bonitos que se possa imaginar. Com o mesmo recato e segredo do seu nascimento, levaram-no a uma aldeia, onde se criou durante quatro anos. Depois disso, chamando-o de sobrinho, a avó o trouxe para casa, onde se criava, senão rica, pelo menos virtuosamente.

O menino (a quem deram o nome de Luís, porque assim se chamava seu avô) tinha um rosto bonito, um espírito tranquilo, uma inteligência aguda e em tudo o que podia fazer naquela idade, demonstrava ser filho de algum nobre. Sua graça, beleza e discrição encantavam de tal maneira os avós que vieram a considerar sorte o infortúnio da sua filha que lhes deu aquele neto. Quando andava pela rua, caíam-lhe milhares de bênçãos: uns bem-diziam sua beleza, outros sua mãe, outros o pai e outros os que tão bem lhe criavam. Com esta consideração dos que o conheciam e não o conheciam, o menino chegou à idade dos sete anos e já sabia ler em latim e em romance e também escrever com boa letra, porque a intenção dos seus avós era fazer-lhe virtuoso e sábio, já que não poderiam fazer-lhe rico, como se a sabedoria e a virtude não fossem as maiores riquezas, já que não podem ser roubadas nem pelos ladrões, nem pela sorte.

Aconteceu que, um dia, o menino foi levar um recado de sua

A Força do Sangue

avó para uma parente e passou por uma rua onde ocorria uma corrida de cavalos. Olhou e, para colocar-se em um lugar mais seguro, atravessou de um lado para o outro, mas não conseguiu escapar de ser atropelado por um cavalo, cujo dono não conseguiu deter a fúria de sua corrida. Passou por cima do menino e deixou-o como morto, estendido no chão, derramando muito sangue da cabeça. Mal tinha acontecido o acidente quando um velho cavaleiro que estava olhando a corrida, com uma ligeireza jamais vista, saltou de seu cavalo e foi até o menino. Tirando-o dos braços de um que já o segurava, colocou-o nos seus e sem considerar a sua idade e a sua autoridade, que era muita, com passos largos foi até sua casa, ordenando que seus criados procurassem um cirurgião para cuidar do menino. Muitos cavaleiros o seguiram, lastimando a desgraça daquele tão bonito menino, porque logo se deram conta de que o atropelado era Luisinho, o sobrinho daquele tal cavaleiro, nomeando o seu avô. A notícia correu de boca em boca até chegar aos ouvidos de seus avós e de sua mãe que, certificando-se do caso, desatinados e loucos, saíram à procura do seu querido. Como era tão conhecido e nobre o cavaleiro que o tinha levado, muitos dos que encontraram pelo caminho explicaram onde era a casa dele, na qual chegaram quando o cirurgião já estava atendendo o menino.

O cavaleiro e a sua mulher, donos da casa, pediram aos que pensavam ser os pais de Luisinho que não chorassem, nem se queixassem, porque de nada serviria para o menino. O cirurgião, que era famoso, tendo-o atendido com grande cuidado e maestria, disse que a ferida não era tão letal como temia ao princípio. Na metade do atendimento, Luis recobrou a consciência, porque estava desmaiado até então, e alegrou-se ao ver seus tios, que lhe perguntaram, chorando, como estava. Respondeu que bem, mas que lhe doíam muito o corpo e a cabeça. O médico recomendou que não falassem com ele e que o deixassem descansar. Assim foi feito e o avô começou a agradecer a caridade do senhor para com o seu sobrinho. O cavaleiro respondeu que não tinha o que agradecer, porque lhe fazia saber que, quando viu o menino caído e atropelado, pareceu-lhe ter visto o rosto de seu filho, a quem amava ternamente, e que isto lhe tinha movido a tomá-lo em seus braços e levá-lo até a sua casa, onde ficaria durante todo o tempo que durasse a sua recuperação, com tudo o que fosse necessário. Sua mulher, que era uma nobre senhora, disse o mesmo e fez outras tantas promessas.

Os avós ficaram admirados com tanta bondade, mas a mãe ficou ainda mais. Tendo sossegado seu espírito depois das notícias dadas pelo médico, olhou atentamente para o aposento onde estava seu filho e, claramente, por muitas evidências, reconheceu que aquele era o lugar onde se tinha dado fim a sua honra e princípio a sua desventura. Ainda que não estivesse adornada com os quadros de antes, reconheceu a disposição das coisas, viu a janela da grade e, como estava fechada por causa do ferido, perguntou se aquela janela dava para algum jardim e responderam-lhe que sim. No entanto, o que mais reconheceu foi aquela cama que tinha por sua sepultura e a escrivaninha, sobre a qual estava a imagem que tinha roubado, que continuava no mesmo lugar.

Finalmente, confirmaram a verdade de suas suspeitas os degraus, que ela tinha contado quando lhe tiraram do aposento com os olhos vendados (digo os degraus que iam dali até a rua, que contou atenta e discretamente). E quando, deixando o filho, voltou para a sua casa, contou-os mais uma vez e conferiu o número. Confirmando os sinais, confirmou que era verdade o que pensava. Contou tudo com detalhes para a sua mãe que se informou, discretamente, se o cavaleiro que hospedava seu neto tinha tido ou tinha um filho. E descobriu que era aquele que chamamos Rodolfo e que estava na Itália. Calculando o tempo que lhe disseram que tinha saído da Espanha, viu que eram os mesmos sete anos do seu neto.

Contou tudo para o seu marido e, juntamente com a filha, decidiram esperar para ver o que Deus fazia com o ferido, quem, depois de quinze dias estava fora de perigo e aos trinta dias, de pé. Durante todo este tempo foi visitado por sua mãe e por sua avó e presenteado pelos donos da casa como se fosse filho deles. Nas vezes em que Dona Estefânia, que assim se chamava a mulher do cavaleiro, falava com Leocádia, dizia-lhe que aquele menino se parecia muito com seu filho que estava na Itália e que não havia uma vez que o olhasse sem pensar que tinha o filho diante de si. Estas palavras deram ocasião de contar-lhe, em um dia em que estava sozinha com ela, o que tinha combinado com seus pais, que foram estas ou outras palavras semelhantes:

— O dia, senhora, que meus pais ouviram que o sobrinho deles estava tão ferido acreditaram que o céu tinha se fechado para eles e caído o mundo sobre suas costas. Imaginaram que, faltando-lhes este sobrinho, a quem amam de tal maneira que excede o amor que os pais costumam sentir pelos seus filhos, a eles faltaria a luz dos olhos e o apoio da velhice. Mas, como normalmente se diz, quando Deus dá a doença, dá também o remédio, o menino o encontrou nesta casa e eu, nela, lembro-me de algumas coisas que não poderei esquecer enquanto durar a minha vida. Eu, senhora, sou nobre porque meus pais o são e também os meus antepassados, que com a intervenção da sorte, mantiveram a sua honra em todos os lugares que viveram.

Dona Estefânia estava admirada e atônita escutando as considerações de Leocádia. Não podia acreditar, ainda que visse, que tanta discrição cabia em tão poucos anos, já que, a seu parecer, a jovem não tinha mais do que vinte anos. E sem dizer uma palavra, escutou todas as que Leocádia quis dizer, que foram as suficientes para contar-lhe da travessura do seu filho, da desonra que tinha sofrido, do roubo, dos olhos vendados, do levá-la até aquele aposento, das coisas que tinha observado reconhecendo que era o mesmo lugar que suspeitava. Para confirmar o que dizia, tirou do peito o crucifixo que tinha levado e disse:

— Senhor, testemunha da violência que me fizeram, seja juiz da justiça que me deve ser feita. Levei-O de cima daquela mesa, com o propósito de sempre lembrar-Lhe de meu agravo, não para pedir vingança, que não a pretendo, mas para rogar-Lhe que me desse algum consolo para viver com paciência a minha desgraça.

— Este menino, senhora, por quem demonstrou toda a sua caridade, é seu verdadeiro neto. O céu permitiu que ele fosse atropelado para que, trazido à sua casa, encontrasse eu, como espero encontrar, se não o remédio que melhor convenha, pelo menos o meio para melhor viver a minha desventura.

Dizendo isso, abraçada ao crucifixo, caiu desmaiada nos braços de Estefânia que, como mulher e nobre, em quem a compaixão e a misericórdia costuma ser tão natural como a crueldade no homem, apenas viu que Leocádia tinha desmaiado, aproximou seu rosto do dela, derramando tantas lágrimas que não foi preciso jogar-lhe outra água para que Leocádia voltasse a si.

Estando as duas assim, entrou o cavaleiro marido de Estefânia, trazendo Luisinho pela mão. Vendo o choro de Estefânia e o desmaio de Leocádia pediu que lhe dissessem rapidamente qual era o motivo. O menino também perguntava por que choravam, abraçado a sua mãe, pensando que era sua prima e a sua avó, pensando que era a sua bem-feitora.

– Grandes coisas, senhor, lhe direi – respondeu Estefânia para seu marido – cuja conclusão acaba em contar-lhe que esta desmaiada é sua filha e este menino seu neto. A verdade que lhe contei, contou-me esta menina e a confirma o rosto desse menino, no qual, nós dois, vimos o do nosso filho.

– Se não explica melhor, não entendo, senhora – respondeu o cavaleiro.

Nisto, voltou a si Leocádia que, abraçada ao crucifixo, parecia um mar de pranto. Toda a situação tinha deixado o cavaleiro confuso. Para tirá-lo de tal confusão, sua esposa começou a contar-lhe tudo o que Leocádia lhe tinha contado e ele acreditou, pela divina intervenção do céu, como se com muitos e verdadeiros testemunhos tivesse sido comprovado o que dissera. Consolou e abraçou Leocádia, beijou seu neto e, naquele mesmo dia, mandou um correio para Nápoles, avisando que seu filho viesse logo, porque tinham acordado seu casamento com uma mulher extremamente bonita, para quem ele conviria. Não consentiram que Leocádia, nem seu filho, voltassem para a casa dos seus pais que, contentíssimos pelo bem que tinha acontecido à sua filha, davam graças a Deus sem cessar.

O correio chegou a Nápoles e Rodolfo, com o desejo de conhecer a tão bonita mulher que seu pai lhe descrevia, depois de dois dias de ter recebido a carta, dada a ocasião de quatro galeras que estavam a ponto de ir para a Espanha, embarcou com seus dois companheiros, que ainda estavam com ele. Em doze dias chegou a Barcelona, dali, depois de sete dias estava em Toledo e entrou na casa do seu pai tão galã e tão valente, que os extremos da gala e da valentia estavam nele.

    Os pais se alegraram com a saúde e boa chegada do filho. Leocádia ficou surpresa, olhando-o escondida, para não desobedecer a ordem que Dona Estefânia tinha lhe dado. Os companheiros de Rodolfo quiseram ir para as suas casas, o que não consentiu Estefânia, porque precisava deles para colocar em prática seu designo. Era quase noite quando Rodolfo chegou e, enquanto se arrumava o jantar, Estefânia chamou a um lado os amigos de seu filho, acreditando, sem nenhuma dúvida, que deveriam ser dois dos três que Leocádia disse que estavam com Rodolfo na noite que a roubaram. Rogou-lhes que lhe dissessem se se lembravam de seu filho ter roubado uma mulher uma noite, há tantos anos atrás, porque desta verdade dependia a honra e o sossego de todos os seus parentes. Soube pedir de tal maneira e assegurar-lhes que nenhum mal lhes aconteceria se o revelassem, que eles tiveram por bem confessar ser verdade que em uma noite de verão, indo os dois e outro amigo com Rodolfo, roubaram uma moça, que Rodolfo tinha vindo com ela, enquanto eles detinham as pessoas de sua família que, com gritos, queriam defendê-la, e que no outro dia Rodolfo lhes tinha dito que tinha levado a moça para casa. Só isso puderam responder da pergunta que tinha sido feita.

    A confissão dos dois clareou todas as dúvidas que o caso poderia oferecer e, assim, Dona Estefânia determinou colocar em prática o que tinha pensado, que foi isso: pouco antes de se sentarem para jantar, a mãe entrou sozinha com Rodolfo em um aposento e, colocando-lhe um retrato nas mãos, lhe disse:

— Rodolfo, meu filho, quero lhe dar um bom deleite mostrando a sua esposa: este é o seu verdadeiro retrato, mas quero advertir que o que lhe falta em beleza, lhe sobra em virtude. É nobre, discreta, mais ou menos rica e seu pai e eu a escolhemos para você, veja se é o que lhe convém.

Rodolfo olhou atentamente o retrato e disse:

— Se os pintores, que normalmente costumam ser pródigos na beleza dos rostos que retratam, foram também com este, não tenho dúvidas que a original deve ser igualmente feia. Senhora e minha mãe, é bom e é justo que os filhos obedeçam a seus pais em tudo que eles mandarem, mas também é conveniente, e melhor, que os pais deem para os filhos as coisas de que eles mais gostam. O casamento é um nó que só se desata com a morte, é bom que seus laços sejam iguais e fabricados com os mesmos fios. A virtude, a nobreza, a discrição e os bens da sorte podem alegrar o entendimento daquele que os recebeu em sua esposa, mas que a feiura dela alegre os olhos do esposo, me parece impossível. Sou jovem, mas bem sei que o sacramento do matrimônio encerra o justo e devido deleite que os casados gozam e que, se falta, o casamento titubeia e desdiz a sua segunda intenção. Pensar que um rosto feio, que se terá a todas as horas diante dos olhos, na sala, na mesa, na cama, pode deleitar, outra vez digo, me parece quase impossível. Por sua vida, minha mãe, dê-me uma companheira que me entretenha e não me aborreça; porque, sem torcer uma parte ou outra, igualmente e por caminho certo levemos ambos o jugo que o céu nos der. Se esta senhora é nobre, discreta e rica, como a senhora diz, não lhe faltará esposo que tenha uma opinião diferente da minha: uns procuram nobreza; outros, discrição; outros, dinheiro e outros, beleza. Eu sou dos últimos. Porque a nobreza, graças ao céu, dos meus antepassados e dos meus pais, tenho por herança; discrição, se uma mulher não for burra, tonta ou boba, basta-lhe; riqueza, também a de meus pais me faz não temer ficar pobre. A formosura procuro, a beleza quero, não com outro dote além da honestidade e dos bons costumes, que se isto tem a minha esposa, servirei a Deus feliz e darei boa velhice a meus pais.

A mãe ficou contentíssima com os argumentos de Rodolfo, percebendo que tudo ia saindo como ela tinha imaginado. Respondeu-lhe que tentaria casá-lo conforme o seu desejo, que não se preocupasse porque era fácil desfazer o acordo de casamento que tinha feito com aquela senhora. Rodolfo a agradeceu e, como era hora de jantar, dirigiram-se à mesa. Estando sentados o pai, a mãe, Rodolfo e seus companheiros, disse Dona Estefânia:

– Que pecadora sou! Que bem trato a minha hóspede! Vá – disse para um criado –, diga a Dona Leocádia que, com a sua honestidade, venha honrar esta mesa, porque os que nela estão são todos meus filhos e servidores.

Tudo isto era armação sua e Leocádia estava avisada de tudo o que tinha que fazer. Pouco demorou em aparecer e chegou dando mostras da maior beleza que a natureza jamais compôs.

Estava vestida, porque era inverno, com uma saia de veludo preto, cravejada de botões de ouro e pérolas; cinto e colar de diamantes. Seus cabelos, que eram longos e não muito loiros, lhe serviam de adorno, e os laços e diamantes que se entreteciam neles, iluminavam os olhos de quem os olhavam. Leocádia vinha desembaraçada e gentil, trazia pela mão seu filho e, diante dela, iam duas donzelas, iluminando-a com duas velas de cera que estavam em dois candelabros de prata.

Todos se levantaram para reverenciá-la, como se fosse alguma coisa do céu milagrosamente aparecida. Nenhum dos que ali estavam embevecidos conseguiram dirigir-lhe uma só palavra. Leocádia, com graça e discreta cortesia, reverenciou a todos. Tomando-a pela mão, Estefânia lhe sentou a seu lado, na frente de Rodolfo, e o menino ficou sentado ao lado do avô.

Rodolfo, que desde mais perto via a incomparável beleza de Leocádia, dizia para si: "se metade desta beleza tivesse a que minha mãe me escolheu por esposa, eu seria o homem mais feliz do mundo. Valha-me Deus! O que é isso que vejo? É, por acaso, algum anjo humano o que estou vendo?". A bela imagem de Leocádia ia entrando pelos seus olhos, para tomar posse de sua alma. E Leocádia, enquanto o jantar chegava, vendo tão de perto o que queria mais do que a luz dos seus olhos, olhando-o furtivamente, começou a pensar em sua imaginação o que tinha acontecido com Rodolfo. Começou a enfraquecer na sua alma a esperança de que Estefânia o concedesse como esposo, temendo que à sua pouca sorte correspondessem as promessas feitas pela mãe. Considerava quão próxima estava de ser afortunada ou desafortunada para sempre. E foi uma consideração tão intensa e uns pensamentos tão contraditórios que lhe apertaram o coração. Começou a suar e a perder a cor, vindo-lhe um desmaio que lhe obrigou a reclinar a cabeça nos braços de Dona Estefânia que, vendo-a assim, assustada, recebeu-a em seus braços.

Todos se assustaram e, deixando a mesa, foram socorrê-la. Mas o que deu mais demonstração de senti-lo foi Rodolfo, pois para chegar rápido até ela, tropeçou e caiu duas vezes. Nem desabotoando o seu vestido, nem jogando água no seu rosto, voltava a si. Ao contrário, o peito levantado e o pulso que não encontravam, iam dando sinais precisos de sua morte. Os criados e criadas da casa, menos cultos, gritaram e divulgaram que estava morta. Esta amarga notícia chegou aos ouvidos dos pais de Leocádia que, aguardando o melhor momento, tinham sido escondidos por Dona Estefânia. Rompendo com a ordem de Estefânia, juntamente com o padre da paróquia, que também estava escondido, foram até a sala.

O padre chegou rápido, para ver se com algum sinal dava indícios de arrepender-se de seus pecados e absolvê-la deles. Onde pensou encontrar um desmaiado, encontrou dois, porque também já o estava Rodolfo, com o rosto no peito de Leocádia. Sua mãe lhe tinha dado espaço para se aproximar de Leocádia, porque deveria ser sua, mas quando viu que ele também estava desacordado, esteve a ponto de desmaiar e o teria feito se não tivesse notado que Rodolfo voltava a si, envergonhado de que lhe tivessem visto em tal situação.

Mas a sua mãe, adivinhando o que sentia o seu filho, lhe disse:

— Não se envergonhe, filho, do que você fez, mas envergonhe-se do que não fizer depois que souber o que eu não quero mais esconder, já que pensava deixá-lo para situação mais alegre. Você deve saber, filho da minha alma, que esta que tenho desmaiada nos meus braços é a sua verdadeira esposa: digo verdadeira porque seu pai e eu a tínhamos escolhido, a do retrato era falsa.

Quando escutou isso, Rodolfo, guiado pelo seu aceso e amoroso desejo, e sem os estorvos que a honestidade e a decência que o título de esposo lhe conferiam, lançou-se ao rosto de Leocádia e, juntando sua boca com a dela, estava como que esperando que saísse a sua alma para acolher a dela. Mas, quando as lágrimas e a dor de todos aumentavam, os cabelos e barbas da mãe e do pai de

Leocádia diminuíam e os gritos de seu filho penetravam os céus; Leocádia voltou a si e com sua volta, restabeleceu-se a alegria que tinha se ausentado do peito dos presentes.

Leocádia se viu entre os braços de Rodolfo e quis honestamente sair deles, mas o jovem lhe disse:

— Não senhora, não deve ser assim. Não é certo que se afaste dos braços daquele que a tem em sua alma.

Com este argumento Leocádia recobrou todos os seus sentidos e Dona Estefânia não levou adiante o que tinha planejado ao princípio, dizendo ao padre que casasse rapidamente seu filho com Leocádia. Assim o fez, porque este caso aconteceu no tempo em que bastava o desejo dos que se casavam, sem as diligências e prevenções justas e santas que agora são necessárias. Realizado o casamento, deixo para outra pluma e para outro engenho mais delicado do que o meu, contar a alegria de todos os que ali estavam: os abraços que os pais de Leocádia deram em Rodolfo, os agradecimentos que deram aos céus e a seus pais, o oferecimento de cada uma das partes, a admiração dos companheiros de Rodolfo que tão impensadamente viram na noite da sua chegada tão bonito casamento e ainda mais quando souberam, porque o contou diante de todos Dona Estefânia, que Leocádia era a donzela que Rodolfo tinha roubado na companhia deles, com o que não menos surpreendido ficou Rodolfo. Para certificar-se mais daquela verdade, pediu que Leocádia lhe desse algum sinal que comprovasse o que ele não duvidava, pois acreditava que seus pais tinham averiguado bem. Ela respondeu:

— Quando eu voltei a mim do outro desmaio, encontrei-me, senhor, nos seus braços sem honra; mas acho que tudo aconteceu para bem, pois, voltando do desmaio que agora tive, de novo me encontro nos braços de então, mas agora honrada. E esse sinal não basta. Que sirva de sinal um crucifixo que ninguém além de mim poderia ter roubado, veja se é o mesmo do que sentiu falta naquela manhã e que agora está nas mãos da minha senhora.

— Você é a senhora da minha alma e o será durante todos os anos que Deus ordenar, meu bem.

E abraçando-a mais uma vez, recomeçaram as bênçãos e as felicitações.

Chegou o jantar e também os músicos, que estavam preparados. Rodolfo se viu a si mesmo no rosto do seu filho, os quatro avós choraram de alegria e não ficou nenhum canto da casa sem ser visitado pelo júbilo e pela alegria. E ainda que a noite voasse com suas ligeiras e negras asas, a Rodolfo lhe parecia que caminhava, não com asas, mas com muletas: tão grande era o desejo de ficar a sós com sua esposa.

Finalmente chegou a hora desejada, porque não há fim que não chegue. Todos foram se deitar, a casa ficou em completo silêncio, no qual não ficará a verdade do que aqui se conta, pois não o consentiriam os muitos filhos e a nobre descendência que deixaram em Toledo. Ainda vivem estes dois venturosos casados, que muitos e felizes anos aproveitaram de si mesmos, de seus filhos e de seus netos, tudo permitido pelo céu e pela *força do sangue*, que viu derramado no chão o valoroso, ilustre e cristão avô de Luisinho.

O Casamento Enganoso

Saía do Hospital da Ressurreição – que está em Valladolid, fora da Porta do Campo – um soldado que, por usar sua espada como bengala, pela fraqueza de suas pernas e pelo seu rosto pálido, demonstrava claramente que, ainda que não fizesse um clima quente, devia ter suado em vinte dias toda a doença que adquiriu em uma hora. Ia dando pequenos passos e arrastando os pés, como um convalescente. Ao entrar pela porta da cidade, notou que em sua direção vinha um amigo, que não via há mais de seis meses, quem, fazendo o sinal da cruz como se tivesse tido uma má visão, aproximou-se dele e disse:

– O que é isso, Senhor Alferes Campuzano? Como é possível que o Senhor esteja nesta terra? Pensava que estava em Flandres, levantando lá a lança e não arrastando aqui a espada! Que cor e que fraqueza são estas?

Respondeu Campuzano:

– Se estou ou não nesta terra, Senhor licenciado Peralta, o simples fato de ver-me já lhe responde. Sobre as outras perguntas, digo-lhe que saio daquele hospital depois de suar catorze arrobas de cancros com os quais me contagiou uma mulher que escolhi por minha e que não devia.

— Então o Senhor se casou? — respondeu Peralta.

— Sim, Senhor — respondeu Campuzano.

— Deve ter sido por amor. — disse Peralta — Tais casamentos trazem consigo o arrependimento.

— Não saberei dizer se foi por amor, — respondeu o Alferes — mas posso afirmar que foi por dor, porque do meu casamento, ou cansamento, herdei muitas dores no corpo e na alma. As do corpo me custaram quarenta suores e para as da alma, não encontro nem sequer um remédio para aliviá-las. O Senhor me desculpe, mas não estou em condições de manter longas conversas na rua. Outro dia, de maneira mais confortável, vou lhe contar o que aconteceu comigo, que são coisas tão novas e inusitadas, que o Senhor jamais escutou em toda a sua vida.

— Quero que o Senhor venha comigo até a minha casa — disse o licenciado — e lá comeremos juntos. Ainda que a comida seja pouca, porque está preparada para dois, meu criado pode comer um doce. Se ainda tivermos fome, algumas fatias de presunto nos salvarão e, principalmente, a boa vontade com que lhe ofereço comida, não só esta vez, mas todas as que quiser.

Campuzano agradeceu e aceitou o convite e os oferecimentos.

Foram à Igreja de São Lourenço e assistiram à missa. Peralta o levou até a sua casa, deu-lhe o que tinha prometido, ofereceu-lhe mais uma vez e, terminando de comer, pediu-lhe que contasse o que tinha acontecido. Campuzano não se fez de rogado e começou a falar desta maneira:

— O Senhor bem deve se lembrar, licenciado Peralta, de como eu era amigo do Capitão Pedro de Herrera, que agora está em Flandres.

— Bem me lembro — respondeu Peralta.

— Um dia — prosseguiu Campuzano — acabávamos de comer naquela pousada da Solana, onde morávamos, quando entraram duas mulheres muito bonitas, acompanhadas por suas duas criadas. Uma começou a falar com o Capitão, de pé, apoiados em uma janela. A outra se sentou junto a mim, com um véu que lhe cobria até o pescoço, permitindo-lhe ver o rosto apenas através da finura do pano que o cobria. Ainda que lhe tivesse suplicado que, por favor, o descobrisse, não foi possível convencê-la, o que aumentou o meu desejo de vê-la. Para aumentá-lo ainda mais, ou talvez por obra do acaso, a Senhora me mostrou a sua mão, muito branca e cheia de valiosos anéis. Eu estava arrumadíssimo, com aquela grande corrente que o Senhor deve ter visto, o chapéu com plumas e fita, a roupa colorida, como um soldado, e tão valente, que me sentia capaz de tudo. Roguei-lhe, mais uma vez, que se descobrisse, e ela me respondeu: "Não seja inoportuno: tenho a minha casa, faça com que um criado me siga, porque, apesar de ser mais honrada do que pareço ao dar esta resposta, a troco de ver se a sua discrição é tão grande como a sua valentia, permitirei que me veja". Beijei a sua mão, pelo grande favor que me fazia e, como pagamento, prometi-lhe montanhas de ouro. O Capitão terminou a sua conversa, elas foram embora, um criado meu as seguiu. O Capitão me disse que o que a outra dama queria era que levasse umas cartas a Flandres para outro Capitão, que dizia ser seu primo, mas que ele sabia que era seu amante.

Eu fiquei fascinado com as mãos de neve que tinha visto e ansioso, pelo rosto que desejava ver. Assim, no dia seguinte, guiado pelo meu criado, entrei livremente na casa. Encontrei-a muito bem decorada e, nela, uma mulher com não mais de trinta anos, a quem reconheci pelas mãos. Não era extremamente bonita, mas era o suficiente para se fazer apaixonar quando falava, porque tinha um tom de voz tão suave que entrava pelos ouvidos e chegava até a alma. Passei com ela longos e amorosos colóquios, ostentei, ofereci, prometi e fiz todas as demonstrações que me pareceram necessárias para ser benquisto por ela. Mas, como ela estava acostumada a escutar semelhantes ou maiores oferecimentos e argumentos, parecia que me escutava sem me dar nenhum crédito. Nossa conversa passou agradavelmente durante os quatro dias que continuei indo visitá-la, sem que eu chegasse a colher o fruto que desejava.

No tempo em que eu a visitei, sempre encontrei a casa vazia, não vi nela parentes fingidos nem amigos verdadeiros. Servia-lhe uma moça, mais astuta do que ingênua. Tratando os meus amores como soldado que está em véspera de viagem, apurei a minha Senhora Dona Estefânia de Caicedo (este é o nome da que me deixou assim) e ela me respondeu: "Senhor Alferes Campuzano, ingênua seria se eu quisesse me passar por santa: pecadora fui e, ainda agora, o sou, mas não de um modo que os vizinhos murmurem e os distantes notem. Nem de meus pais, nem de nenhum outro parente, herdei bem algum. O mobiliário da minha casa, vale, bem válido, dois mil e quinhentos escudos, estas são coisas que, postas em leilão, demorarão para converter-se em dinheiro. Com esta propriedade, procuro um marido a quem me oferecer, a quem obedecer e a quem, juntamente com a minha vida, entregar uma incrível disposição de presentear-lhe e servir-lhe. Não existe um cozinheiro melhor e mais guloso que saiba dar o ponto a uma comida, como eu, quando, mostrando ser caseira, me dedico a isso. Sei ser mordomo em casa, cozinheira na cozinha e dama na sala. Com efeito, sei mandar e sei fazer com que me obedeçam. Não desperdiço nada e economizo muito; um real não vale menos, mas muito mais, quando é gasto com uma ordem minha. A roupa branca que tenho, que é muita e muito boa, não foi comprada em lojas, estes polegares e os das minhas criadas as fiaram e, se pudesse costurar em casa, costuraria. Digo todas estas coisas sobre mim e elas não merecem repreensão porque preciso dizê-las. Finalmente, quero falar que eu procuro um marido que me ampare, me mande e me honre e não um galã que me repreenda. Se o Senhor quiser aceitar o que lhe ofereço, aqui estou sem complicações, sujeita a tudo aquilo o que o senhor ordenar, sem andar à venda, que é o mesmo que andar na língua dos casamenteiros, porque não há ninguém melhor para fazer acordos do que ambas as partes.

Eu, que então tinha o juízo, não na cabeça, mas no calcanhar, fazendo-se, naquela ocasião, o deleite maior do que a minha imaginação e oferecendo-se tão à vista a quantia da propriedade (porque eu já a contemplava convertida em dinheiro), sem fazer outros discursos além daqueles que devem ser feitos para agradar, porque tinha turbado o entendimento, disse-lhe que era venturoso e bem-afortunado por ter-me dado o céu, quase que por um milagre, tal companheira, para fazê-la senhora da minha vontade e da minha propriedade, que não era tão pequena que não valesse. Com aquela corrente que levava no pescoço, outras joiazinhas que tinha em casa e desfazendo-me de algumas galas de soldado, teria mais de dois mil ducados, que, juntos com os seus dois mil e quinhentos, era quantidade suficiente para irmos viver na aldeia onde eu nasci e onde tinha uma pequena plantação; de modo que, além do dinheiro, vendendo os frutos durante a sua época, poderíamos ter uma vida alegre e descansada.

Assim, naquele instante, combinamos o nosso casamento: os dois nos declaramos solteiros, durante os três dias de festa que vieram depois, fez-se a notificação pública de nosso casamento e, no quarto dia, nos casamos. Estavam presentes dois amigos meus e um rapaz que ela disse ser seu primo, a quem eu recebi como parente com boas palavras, como tinham sido todas as que até então tinha dado a minha nova esposa. Ela tinha uma intenção tão torcida e traiçoeira que não quero contar, porque, ainda que esteja contando a verdade, não são verdades de confissão, que não podem deixar de ser ditas.

O meu criado levou o meu baú, que estava na pousada, para a casa da minha esposa. Fechei dentro dele, na frente dela, minha magnífica corrente. Mostrei-lhe outras três ou quatro, se não tão grandes mais bem feitas do que a outra, três ou quatro cordões de diversos lugares, as minhas galas e as minhas plumas e entreguei-lhe para o gasto da casa os quatrocentos reais que tinha. Aproveitei durante seis dias as alegrias do casamento, ocupando a casa como o genro de um sogro rico. Pisei em tapetes caros, usei lençóis da Holanda, iluminei-me com candeeiros de prata. Tomava café na cama, me levantava às onze, almoçava ao meio-dia e, às duas, descansava. Dona Estefânia dançava para mim e a criada me servia solicitamente. Meu criado, que até então era preguiçoso e lerdo, tinha se transformado em um alce. Nos momentos que Dona Estefânia não estava ao meu lado, estava na cozinha, toda solícita, organizando comidas que despertassem o meu paladar e o meu apetite. Minhas camisas e lenços pareciam um jardim, pelo cheiro de água de flor de laranjeira que derramava neles.

Os dias passaram voando, como passam os anos, sob a jurisdição do tempo. Por ver-me tão presenteado e bem servido, comecei a achar que o que tinha começado mal ia se ajeitando. Uma manhã, na qual ainda estava com Dona Estefânia na cama, bateram com muita força na porta da frente. A criada aproximou-se da janela e, saindo rapidamente, disse: "Ó, que seja bem-vinda! Viram como ela veio antes do que tinha escrito?" "Quem é que chegou, criada?", perguntei-lhe. "Quem?", respondeu ela. "É a minha Senhora Clementa Bueso e, com ela, o Senhor Lope Meléndez de Almendárez, além dos dois criados e de Hortigosa, a dama de companhia que tinha ido com ela". "Corra, moça, e abra para eles!", disse então Dona Estefânia, "e você, Senhor, pelo amor que me tem, não se revolte nem responda a nada do que escute contra mim". "Mas, quem dirá alguma coisa para lhe ofender e ainda mais eu estando presente? Diga-me: quem são estas pessoas? Parece que você ficou desconcertada com a chegada delas". "Agora não posso lhe responder", disse Dona Estefânia: "apenas saiba que tudo o que acontecer aqui não é verdade, e que depois o Senhor a conhecerá".

Ainda que eu quisesse responder-lhe, a Senhora Dona Clementa Bueso não me deixou, pois entrou na sala, vestida com uma seda verde plissada, com muitos detalhes em ouro; jaqueta do mesmo tecido e adornada da mesma maneira; chapéu com plumas verdes, brancas e vermelhas; um rico cinto de ouro e um fino véu que cobria a metade de seu rosto. Entrou com ela o Senhor Meléndez de Almendárez, não menos elegante e ricamente vestido. Hortigosa, a dama de companhia, foi a primeira a falar, dizendo: "Jesus! O que é isso? Ocuparam o leito da minha Senhora Clementa com um homem? Vejo coisas impossíveis nesta casa! A Senhora Dona Estefânia trocou os pés pelas mãos, abusando da amizade da minha Senhora!" "Eu lhe entendo, Hortigosa", respondeu dona Clementa, "mas eu é que tenho a culpa. Que eu aprenda a não considerar amigas aquelas que só sabem sê-lo quando lhes interessa!" A tudo isto, respondeu Dona Estefânia: "Não se sinta culpada, minha Senhora Dona Clementa Bueso, e entenda que é impossível não se surpreender com o que vê nesta sua casa, mas, quando souber de tudo, sei que serei desculpada e à Senhora não restará nenhuma queixa."

Nisto, eu já tinha colocado a calça e a camisa. Pegando-me pela mão, Dona Estefânia me levou até outro aposento e ali me disse que aquela sua amiga queria enganar a Dom Lope, que lhe acompanhava, com quem pretendia se casar, dando-lhe a entender que aquela casa e tudo o que estava dentro dela lhe pertencia, e que tudo aquilo seria o seu dote. Realizado o casamento, em pouco tempo, revelaria a farsa, acreditando no grande amor que Dom Lope lhe tinha. "Logo me devolverá o que é meu. O que me pede, não lhe fará nenhum mal a ela, nem a nenhuma outra mulher, que procure encontrar um marido honrado, ainda que seja por meio de algum engano", concluiu Dona Estefânia.

Eu lhe respondi que era uma grande prova de amizade o que se propunha a fazer e que estivesse certa antes de fazê-lo, porque depois poderia ter que recorrer à justiça para recuperar a sua propriedade. Mas ela me respondeu com tantos argumentos, apresentando tantas coisas que lhe obrigavam a servir Dona Clementa, que com grande pesar e inquietude, tive que conceder o gosto de Dona Estefânia, que me assegurou que o engano duraria apenas oito dias, nos quais estaríamos na casa de outra amiga sua. Terminamos de nos vestir e, entrando para se despedir da Senhora Dona Clementa Bueso e do Senhor Lope Meléndez de

Almendárez, fez com que meu criado pegasse o baú e a seguisse. Eu fiz o mesmo, sem me despedir de ninguém.

Dona Estefânia foi até a casa de uma amiga e conversou com ela durante um bom tempo. Depois disso, saiu uma moça e disse para que eu e meu criado entrássemos. Levou-nos até um aposento pequeno, no qual havia duas camas tão juntas que pareciam uma, porque não havia espaço para separá-las, era como se os lençóis de cada uma delas se beijassem. Ali estivemos seis dias. Durante este tempo, não houve um dia em que não discutíssemos sobre a necessidade de termos deixado a casa e a propriedade, ainda que fosse para a sua mãe.

Eu falava tanto naquele assunto que, um dia em que Dona Estefânia disse que ia ver como andava o seu negócio, a dona da casa quis saber qual era a causa que me levava a brigar com ela e que coisa tinha feito para criticá-la tanto, dizendo-lhe que tinha agido com clara sandice, mais do que com perfeita amizade. Contei-lhe tudo o que tinha acontecido. Quando cheguei a contar-lhe que tinha me casado com Dona Estefânia, sobre o seu dote e de como tinha deixado a sua casa e propriedade para Dona Clementa, ainda que fosse com tão boa intenção como era alcançar tão nobre marido como Dom Lope, começou a se benzer e a fazer cruzes tão rapidamente e com tanto, "Jesus! Jesus! Que mulher má!", que me deixou completamente desconcertado. Finalmente me disse: "Senhor Alferes, não sei se vou contra a minha consciência em revelar-lhe o que deveria calar, mas, por Deus e pela sorte, viva a verdade e morra a mentira! A verdade é que Dona Clementa Bueso é a verdadeira dona da casa e da propriedade que lhe deram como dote. É mentira tudo o que lhe disse Dona Estefânia: ela não tem casa, nem propriedade, nem outra roupa além da que está usando. Teve ocasião de preparar este engano porque Dona Clementa foi visitar uns parentes em Plasência e, de ali, fazer uma peregrinação até Nossa Senhora de Guadalupe. Durante este tempo, como são grandes amigas, deixou Dona Estefânia em sua casa para que a cuidasse. Olhando por outro lado, não há por que culpar a pobre senhora, pois conseguiu conquistar uma pessoa como o Senhor Alferes por marido".

Aqui terminou a sua fala e começou o meu suicídio. Sem dúvida o teria cometido, se meu anjo da guarda descuidasse um pouquinho em me socorrer, dizendo no meu coração que eu era cristão e que o maior pecado dos homens era o do suicídio, por ser pecado de demônio. Esta consideração, ou boa inspiração, me consolou um pouco, mas não a ponto de deixar que pegasse as minhas coisas e saísse à procura de Dona Estefânia, com o propósito de dar-lhe um castigo exemplar. Mas a sorte, e não saberei dizer se para bem ou para mal, não me fez achá-la nos lugares que pensava que deveria estar. Fui a São Lourenço, me encomendei a Nossa Senhora, sentei-me em um banco e, com o pesar que sentia, tomou conta de mim um sono tão pesado que não teria acordado tão cedo, se alguém não o tivesse feito.

Fui cheio de pensamentos e angústias até a casa de Dona Clementa e encontrei-a tão tranquila, como dona de sua casa, e na companhia de Dom Lope, que não ousei dizer-lhe coisa alguma. Voltei para a casa onde estava hospedado e a dona me disse que tinha contado para Dona Estefânia que eu sabia de toda a sua artimanha e engano. Contou-me que ela perguntou que cara eu tinha feito quando soube da verdade e que ela tinha respondido que muito feia e que, ao seu parecer, eu tinha saído procurando-a com má intenção e pior determinação. Disse-me que Dona

Estefânia tinha levado tudo o que havia dentro do baú, deixando nele apenas um vestido velho. Isto foi o cúmulo! Aqui, de novo, Deus me segurou em suas mãos! Fui ver o baú e encontrei-o aberto, como sepultura que esperava o corpo de um defunto, que deveria ser eu se tivesse entendimento para sentir e ponderar o tamanho da minha desgraça.

— Bem grande foi a sua desgraça – disse neste momento o licenciado Peralta – tendo Dona Estefânia levado tantas correntes, tantos cintos. Como costumam dizer, que levem os anéis, mas...

— Não lastimei por esta perda – respondeu o Alferes – pois, também poderei dizer: "Dom Simoque pensou que me enganava com sua filha manca e eu sou corcunda".

— Não sei por que o Senhor diz isso – respondeu Peralta.

— Digo por que – respondeu o Alferes – todas aquelas coisas, correntes, cintos e brincos não valiam mais do que dez ou doze escudos.

— Não é possível – respondeu o licenciado – porque a corrente que o Senhor Alferes usava no pescoço parecia pesar mais de duzentos ducados.

— Assim seria – respondeu o Alferes – se a verdade correspondesse ao que se vê. Como nem tudo o que reluz é ouro, as correntes, os cintos e os brincos, eram de alquimia, mas estavam tão bem feitos, que somente o toque ou o fogo poderiam revelar o seu engano.

— Deste modo – disse o licenciado –, entre o Senhor e a Senhora Dona Estefânia houve uma troca de mentiras.

— E que troca! – respondeu o Alferes. – O problema é, Senhor licenciado, que ela poderá se desfazer das minhas correntes, mas eu não poderei me desfazer do seu falso propósito.

— Dê graças a Deus, Senhor Campuzano – disse Peralta –

O Casamento Enganoso 213

de que ela tenha ido e que o Senhor não esteja obrigado a ir procurá-la.

— Isso mesmo – respondeu o Alferes —; mas, apesar de tudo isso, sem que a procure, a encontro sempre no meu pensamento. Onde quer que eu esteja, tenho presente a que me afrontou.

— Não sei o que lhe responder – disse Peralta –, a não ser fazer com que o senhor se lembre de dois versos de Petrarca que dizem:

Ché, qui prende dicletodifarfiode;
Non si de lamentar si altril'ingana.

Traduzidos ao nosso castelhano: "O que tem por costume e gosto enganar aos outros, não deve se queixar quando é enganado".

— Eu não me queixo – respondeu o Alferes –, apenas lamento, porque o culpado não deixa de sentir o peso do seu castigo mesmo reconhecendo a sua culpa. Quis enganar e fui enganado, me feriram com as minhas próprias armas, mas não posso afastar de mim o sentimento que faz com que eu me queixe. Finalmente, para chegar ao que faz mais triste a minha história (que este é substantivo que pode ser atribuído a tudo o que me aconteceu), conto-lhe que soube que Dona Estefânia tinha partido com o primo, que estava em nosso casamento, de quem, desde muito tempo atrás, era amiga de todas as ocasiões. Não quis procurá-la para não encontrar o mal que me faltava. Em poucos dias mudei de casa e de cabelo, porque começaram a cair as minhas sobrancelhas, os meus cílios e, pouco a pouco, os cabelos. Fiquei calvo antes do tempo, por causa de uma doença que chamam *lúpus*, conhecida popularmente como *calvície*. Eu me encontrei verdadeiramente sem nada, porque não tinha barba para pentear, nem dinheiro para gastar. A doença foi caminhando comigo e, como a pobreza atropela a honra – levando alguns para a forca, outros para o hospital e fazendo com que outros procurem os seus inimigos com pedidos e servilismos (uma das maiores misérias que pode acontecer a um coitado) – para não gastar no tratamento o que deveria servir para cobrir e honrar a minha saúde, chegando o tempo em que davam os suores no Hospital da Ressurreição, lá entrei e tomei quarenta suores. Dizem que, se eu me cuidar, me curarei: determinação eu tenho, o resto, que Deus decida.

O licenciado ficou admirado com as coisas que o Alferes contava.

– O Senhor se surpreende com muito pouco, Senhor Peralta – disse o Alferes. – Ainda tenho outros acontecimentos para contar que superam toda a imaginação, pois estão fora de qualquer lei natural: dou por bem empregadas todas as minhas desgraças, por terem me levado até o hospital, onde vi o que lhe contarei. Nem agora nem nunca o Senhor poderá acreditar e nem haverá pessoa no mundo que o creia.

Todos estes preâmbulos e rodeios que o Alferes fazia, antes de contar o que tinha visto, aumentavam a curiosidade de Peralta de modo que, com não menos rodeios, pediu que lhe contasse rapidamente as maravilhas que estavam por ser ditas.

– O Senhor certamente já viu – disse o Alferes – dois cachorros que, com duas lanternas, andam de noite com os irmãos da Capacha, iluminando-os quando pedem esmolas.

– Sim, já vi – respondeu Peralta.

– O Senhor também já deve ter visto ou ouvido – disse o Alferes – o que deles se fala: se jogam esmola das janelas e caem no chão, eles logo vão iluminar e procurar o que caiu, parando diante das janelas das quais costumam receber esmola. Chegam até elas tão mansamente que mais parecem cordeiros do que cachorros, mas, no hospital, são uns leões, vigiando-o com todo o cuidado.

— Eu já escutei tudo o que falou — disse Peralta —, mas isso não pode, nem deve me causar espanto.

— Mas o que agora lhe direi, certamente lhe causará. Sem fazer o sinal da cruz, nem alegar impossibilidades e dificuldades, o Senhor acredite no que agora eu vou lhe contar. Escutei e quase vi com os meus próprios olhos estes dois cachorros — um se chama Cipião e o outro Berganza — na penúltima noite de meu tratamento, deitados atrás da minha cama em uns tapetes velhos. Na metade da noite, estando tudo escuro e eu acordado pensando nos passados acontecimentos e nas presentes desgraças, escutei uma conversa perto de mim e fiquei atento para ver se conseguia saber quem falava e do que falava e, em pouco tempo, descobri que eram os dois cachorros, Cipião e Berganza, os que conversavam.

Campuzano mal terminou de dizer estas palavras e o licenciado se levantou dizendo:

— O Senhor passe muito bem, Senhor Campuzano, que até agora estava em dúvida se acreditava ou não no que tinha me contado sobre o seu casamento. O que o Senhor me conta agora sobre os cachorros faz com que eu não acredite em nada do que me disse. Por favor, Senhor Alferes, não conte estes disparates a ninguém que não seja tão amigo seu como eu.

— Não me considere tão ignorante — respondeu Campuzano — de não saber que, a não ser por milagre, os animais não falam. Bem sei que se os sabiás, as matracas e os papagaios falam, não são mais do que palavras que aprendem e guardam na memória

Disse o licenciado:

— Senhor Alferes, não voltemos mais a esta discussão. Eu entendo o *Colóquio* como uma invenção e basta. Vamos dar um passeio para distrair os olhos do corpo, porque os do entendimento, já distraímos.

— Vamos — disse o Alferes.

Nisto, saíram.

Tradução
Nylcéa Thereza de Siqueira Pedra

Revisão
Iara de Souza Tizzot

Capa
Rafael Silveira

© Arte & Letra 2012

Todos os direitos reservados. Proibida a reprodução, no todo ou em parte, através de quaisquer meios.

C419c   Cervantes, Miguel de
        Cinco novelas exemplares / Miguel de Cervantes; tradução Nylcéa Thereza de Siqueira Pedra. – Curitiba: Arte & Letra, 2012.
        220p.

        Conteúdo: A força do sangue, As duas donzelas, O casamento enganoso, O colóquio dos cachorros e O ciumento de Estremadura
        ISBN 978-85-60499-32-8

        1. Literatura espanhola. 2. Romance espanhol. I. Pedra, Nylcéa Thereza de Siqueira. II. Título.

                          CDU 821.134.2

Arte e Letra Editora
Alameda Presidente Taunay, 130b
Batel - Curitiba - PR - Brasil
CEP: 80420-180
Fone: (41) 3223-5302
www.arteeletra.com.br - contato@arteeletra.com.br

pada a memória (por causa das muitas passas e amêndoas que tinha comido), guardei tudo de cor. Quase com as mesmas palavras que tinha escutado, escrevi tudo no dia seguinte, sem procurar cores retóricas para adorná-lo, nem adicionado ou tirado alguma coisa para fazê-lo mais interessante. A conversa não durou apenas uma noite, senão duas, apesar de eu só ter escrito uma delas, que é sobre a vida de Berganza. A do companheiro Cipião, que foi a que se contou na segunda noite, penso escrever quando se acredite nesta primeira ou, pelo menos, quando não seja desconsiderada. Trago o colóquio no peito. Escrevi-o nesta forma para economizar o *disse Cipião, respondeu Berganza*, que costuma aumentar o escrito.

Dizendo isto, tirou do peito um caderno e o colocou nas mãos do licenciado, que o pegou rindo, burlando-se de tudo o que tinha escutado e de tudo o que pensava ler.

— Eu vou me recostar nesta cadeira — disse o Alferes — enquanto o Senhor lê estes sonhos ou disparates, que não tem outra coisa de bom a não ser o fato de poder abandoná-los se eles lhe aborrecerem.

— Faça o que quiser — disse Peralta — porque eu terminarei esta leitura rapidamente.

O Alferes se recostou, o licenciado abriu o caderno e viu que aparecia este título: *Novela do colóquio dos cachorros.*

O Alferes acordou no mesmo instante em que o licenciado terminava de ler o *Colóquio*. Disse, então, o licenciado:

— Ainda que este colóquio seja mentira e nunca tenha acontecido, parece-me que está tão bem escrito que o Senhor Alferes pode passar para o segundo.

— Com este parecer — respondeu o Alferes — me animarei e começarei a escrever, sem discutir com o Senhor se os cachorros falaram ou não.

e porque têm a língua adaptada para poder pronunciá-las, mas, nem por isso, podem falar e responder com argumentos pensados, como estes cachorros fizeram. Depois que os ouvi, muitas vezes não quis acreditar em mim mesmo, e quis dar por coisa sonhada o que realmente escutei acordado, com todos os cinco sentidos que o nosso Senhor me deu. Ouvi, senti, vi e finalmente escrevi, sem deixar faltar nenhuma palavra, com as quais poderei convencê-lo de que é verdade o que eu lhe digo. As coisas que conversaram foram diversas e mais para serem tratadas por homens sábios do que ditas pela boca de cachorros. Eu não as poderia inventar e, a meu pesar, acredito que não sonhava e que os cachorros falavam.

— Meu Deus do céu! — respondeu o licenciado — Voltamos ao tempo dos contos, quando as abóboras falavam, ou de Esopo, quando conversavam o galo e o lobo e todos os animais entre si!

— Um deles seria eu, e o maior, — respondeu o Alferes — se acreditasse que este tempo voltou. Também o seria se deixasse de acreditar no que vi e ouvi. Posso jurar com um juramento tão forte que se acredite no que é impossível acreditar. Mas, mesmo no caso de que tenha me enganado, que a minha verdade seja um sonho e acreditar nela um disparate, o Senhor não quer ver escritas em um colóquio as coisas que disseram estes cachorros, ou quem quer que seja?

— Para que o Senhor não se canse em me persuadir dizendo que escutou os cachorros falarem — respondeu o licenciado —, ouvirei com boa vontade este colóquio, que por ter sido escrito e criado pelo engenho do Senhor Alferes, deve ser bom.

— E tem mais uma coisa — disse o Alferes —: como estava tão atento e tinha tão sensível o entendimento e tão delicada e desocu-